Meyer Piattini

79 De aedibus

Der italienische Architekt und Architekturtheoretiker Aldo Rossi verglich die Architektur mit den Wissenschaften. Wie diese schreite die Architektur voran, indem sie stetig auf bereits Erreichtes aufbaue und sich so weiterentwickle. Diesem wissenschaftlichen Aspekt dient diese Buchreihe. Seit 2000 dokumentiert sie die aktuelle Schweizer Architektur. Die Reihe wird in ihrer Kontinuität gleichsam zu einem Gedächtnis der Architektur, das die Werke dem Vergessen entzieht. Von jedem der mit hohem Qualitätsanspruch ausgewählten Architekten und Architektenteams werden die wichtigsten Bauten festgehalten, ausführlich dargestellt und dokumentiert. Jeder Band dient auch der Reflexion über den architektonischen Willen, der hinter den Projekten steht. So sind in dieser Reihe mehr oder minder alle in der Schweiz wirkenden Architekturkritiker mit einzelnen oder mehreren Textbeiträgen vertreten.

Der Hauptteil in jedem Band widmet sich dagegen der Welt der Anschauung. So sind jeweils anhand von Bildern und Plänen bemerkenswerte Bauten dargestellt, die nicht einer routinierten «Produktion» entsprungen sind. Vielmehr steht hinter jedem Entwurf eine leidenschaftliche Auseinandersetzung mit der Aufgabe und deren Prämissen.

Heinz Wirz
Verleger

The Italian architect and architectural theoretician Aldo Rossi compared architecture to the sciences. Like them, architecture progresses by constantly building upon what has already been achieved and develops further in this way. Since 2000, this series of books has been dedicated to the same academic approach in documenting contemporary Swiss architecture. It therefore becomes a form of architectural memory, ensuring that the architecture is not forgotten. The most important buildings by each of the selected high-quality architects are presented, described in detail and documented. Each volume also serves to reflect upon the architectural motivation behind the projects. By now, more or less every architectural critic working in Switzerland has contributed one or more articles to the series.

However, the core of each book is dedicated to the world of observation. Images and plans present a number of remarkable buildings that are not the result of routine "production". Instead, each design stems from a passionate engagement with the task and its premises.

Heinz Wirz
Publisher

Meyer Piattini

Quart Verlag Luzern

Meyer Piattini
79. Band der Reihe De aedibus / Volume 79 of the series De aedibus

Herausgeber / Edited by: Heinz Wirz, Luzern
Konzept / Concept: Heinz Wirz; Meyer Piattini, Lamone
Projektleitung / Project management: Quart Verlag, Antonia Chavez-Wirz
Textbeiträge / Articles by: Alberto Caruso, Milano; Oliver Scharpf, Capriasca
Objekttexte / Project descriptions: Meyer Piattini
Textlektorat Deutsch / German text editing: Kirsten Rachowiak, München
Textlektorat Englisch / English text editing: Benjamin Liebelt, Berlin
Übersetzung Italienisch–Deutsch / Italian–German translation: Sibylle Neuhaus, Turin
Übersetzung Italienisch–Englisch / Italian–English translation: NTL, Florenz
Fotos / Photos: Paolo Rosselli, Milano. Ausser / except: Stefania Beretta, Verscio S. / p. 41, 42; Enrico Cano, Como S. / p. 54; Benjamin Marchesoni, Lamone S. / p. 17, 24, 31; Michele Martinoni, Minusio S. / p. 40, 43; Stefano Mussio, S. Antonio S. / p. 18, 22
Visualisierungen / Graphics: Filippo Bolognese, Milano S. / p. 25, 56, 64, 66; Obra Visual, Zürich S. / p. 72, 57; Onirism, Milano S. / p. 26
Grafische Umsetzung / Graphic design: Quart Verlag, Antonia Chavez-Wirz
Lithos: Printeria, Luzern
Druck / Printing: DZA Druckerei zu Altenburg GmbH, Altenburg

ISBN 978-3-03761-189-0

Quart Verlag GmbH
Denkmalstrasse 2, CH-6006 Luzern
books@quart.ch, www.quart.ch

* Original Text in Italienisch / Original text in Italian: www.meyerpiattini.ch -> pubblicazioni

Maurer, die Latein gelernt haben

Alberto Caruso*

Die gesamte komplexe Geschichte des Neuen Bauens ist von der Frage nach der Beziehung zwischen dem zeitgeschichtlichen Tun und der Erinnerung an die Vergangenheit geprägt: Von der Aufhebung der Erinnerung – einer Idee von Walter Gropius, der bei der Ausbildung von Architekten den Geschichtsunterricht reduzieren wollte, um «Einschüchterungen und Imitationen» zu verhindern – bis zur Argumentation Le Corbusiers, der den Austausch mit den Erfahrungen aus der Geschichte bei seinen Projekten zu einem wesentlichen Bestandteil machte, haben sich alle Architekten mit einem Thema auseinandergesetzt, das heute noch immer nicht zu umgehen ist. Ernesto N. Rogers verfasste bedeutende Schriften dazu; er meinte, dass man «... die Geschichte kennen muss, um sie vergessen und sich selbst sein zu können. So ist es denn offensichtlich, dass das Vergessen nicht ein Gedächtnisverlust oder ein Verschwinden ist, sondern der Akt einer bewussten kritischen Tätigkeit ... Die Geschichte vergessen impliziert einen Akt der Entscheidung, der das Permanente vom Zufälligen, vom Vergänglichen, vom Flüchtigen unterscheidet.»

Je grösser das Wissen über die Architektur in der Vergangenheit und die Architektur, die in unserer Erinnerung aufgearbeitet wurde, ist, desto mehr kann sich ein zeitgeschichtliches Projekt mit kritischer Betrachtungsweise versehen. Zur Frage des Raums, den ein Projekt in Bezug auf die Erinnerung einnimmt, fügte Francesco Collotti hinzu, dass «... in jedem Projekt ein obligater Anhäufungsprozess vorhanden ist, den unsere Arbeit von Mal zu Mal auseinandernimmt und wieder zusammensetzt. Es ist, als ob die Architektur stets und nur am selben Material arbeiten könnte (und dieses Material ist die Architektur selbst).»

In jüngster Zeit hat Adam Caruso die Beziehung eines zeitgeschichtlichen Projekts zur Erinnerung durch die Prägung des Konzepts der «historischen Gegenwart» neu definiert. Ausgehend von dem Bewusstsein, dass die antiken und noch älteren Teile der Stadt zum zeitgeschichtlichen Zustand gehören, dehnt Caruso den Raum der Geschichte bis zur Gegenwart aus und unterminiert die Vorstellung von der Vergangenheit als solcher, indem er einem zeitgenössischen Projekt zahllose Wahlmöglichkeiten eröffnet. Die Gegenwart ist nicht mehr jungfräulich, man kann die Geschichte nicht dem Leben der Menschen entfremden.

Diese Frage durchdringt ebenfalls die Tessiner Moderne. Tessiner Architekten entdeckten die Moderne erst nach dem Zweiten Weltkrieg und holten die grosse Verspätung auf, indem sie eine «radi-

Builders who have studied Latin

Alberto Caruso*

The question of the relationship between contemporary creation and memory of the past runs through the entire complex story of the modern movement. From the suspension of memory proposed by Walter Gropius, who wanted to limit the study of history in architects' education to avoid "intimidation and imitation", to the observation of Le Corbusier, who regarded engagement with the experiences of history as an essential part of his projects, all architects have tackled this topic, which even today remains unavoidable. Ernesto N. Rogers wrote pages on the subject, remarking that, "we need to know history so as to be able to forget it and be ourselves. It is clear that forgetting is not an oblivion, not a disappearing, but the act of a conscious, critical activity... Forgetting history implies an act of choice that distinguishes what is permanent from what is contingent, transient, fleeting."

The greater the wealth of knowledge – of architecture of the past, and that formulated in our memory – the more a contemporary project can be fuelled by critical activity. Francesco Collotti has added, speaking of the project's space with regards to memory, that, "in each project there is a necessary process of accumulation that our work takes apart and puts back together each time. It is as if architecture could only ever work on the same material (and this material is architecture itself)."

More recently, Adam Caruso redefined the relationship of the contemporary project with memory, coining the term "historic present". Starting with the awareness that the old, pre-existing parts of the city are part of its contemporary condition, Adam Caruso extends the space of history to today and challenges the very concept of past, opening up an immense potential repository of choices for contemporary projects. The present is no longer a virgin; we cannot alienate history from human life.

The same question also runs through modernity in Ticino. Here, architecture discovered modernity during the postwar period and made up for the major delay by taking on a "radical" attitude, in the sense of an explicit reference to the concepts and even the languages of the masters who founded the modern movement. While this was happening, we witnessed the opposite trend elsewhere in Europe and it is this singular phenomenon that led to an immediate international interest in Ticino's modernism. Other countries saw the spread of the so-called International Style, the worn-out repetition of a modern language made banal, and

kale» Haltung einnahmen, das heisst, sie bezogen sich explizit auf Konzepte und Ausdrucksweisen der Begründer des Neuen Bauens. Das geschah, während sich in anderen europäischen Ländern eine entgegengesetzte Tendenz entwickelte. Dieses einzigartige Phänomen verhalf der Tessiner Moderne rasch zu einem internationalen Interesse. In den anderen Ländern verbreitete sich der sogenannte Internationale Stil, die erschöpfte Wiederholung einer verflachten modernen Ausdrucksweise. In der Folge – mit den sogenannten postmodernen Abenteuern – sollten sogar die Prinzipien des Neuen Bauens infrage gestellt werden: Man behauptete, sie hätten die progressive Kraft eingebüsst, die die abendländische Architektur revolutioniert hatte.

Im Tessin der 1950er-, 1960er- und 1970er-Jahre orientierten sich Franco Ponti und Peppo Brivio, Augusto Jäggli, Alberto Camenzind und Rino Tami an Frank Lloyd Wright, am niederländischen Neoplastizismus, an Alvar Aalto sowie an Otto Rudolf Salvisberg. Später liessen sich Luigi Snozzi, Aurelio Galfetti, Livio Vacchini, Mario Botta – und viele andere, die in den 1970er-Jahren die Architektur im Tessin weltweit bekannt machten, von Heinrich Tessenow und Adolf Loos, Le Corbusier, Ludwig Mies van der Rohe oder Louis I. Kahn inspirieren, indem sie deren Konzepte aktualisierten, den Massstäben des Tessins anpassten und neue durchschlagend lehrreiche Ausdrucksformen ausarbeiteten. Jedes Projekt dieser Architekten war durchdrungen von einer Poetik, die eng mit der Kultur verbunden ist und die vor allem der Beziehung zum Kontext und der Urbanität gewidmet waren. Der Verweis auf die Bauwerke der Meister nahm selten die Form eines reinen Zitats an wie im Fall der Arbeiten Franco Pontis in Bezug auf die Werke von Wright. Der ausdrückliche Verweis erfolgte insbesondere bei den Frühwerken und als Vehikel, sozusagen als Trick, um die Moderne in den rückständigen kulturellen Kontext einzuführen. Es wurden Formen wiederholt, die denjenigen ähnlich sahen, die die Meister zu ihrer Zeit für denselben Zweck verwendet hatten.

Heute haben die besten Tessiner Architekten der jüngeren Generation die konzeptuelle Strenge der Meister übernommen und sie von der didaktischen Dimension befreit, welche die avantgardistische Phase jeder kulturellen Bewegung kennzeichnet. Die individuellen Interpretationen dieser Konzepte haben sich vervielfältigt, und es werden Ausdrucksformen verwendet, die verschiedenen Horizonten offenstehen. In diesem vielfältigen Szenarium haben Lukas Meyer und Ira Piattini einen bedeutenden

later – with the adventures in so-called Postmodernism – the very principles of the modern movement would be called into question, claiming that they had exhausted the progressive power that had revolutionized western architecture.

In Ticino during the 50s, 60s and 70s, Franco Ponti and Peppo Brivio, Augusto Jäggli, Alberto Camenzind, and Rino Tami drew on Wright, Dutch Neoplasticism and Aalto, as well as Otto Salvisberg. And later, Luigi Snozzi, Aurelio Galfetti, Livio Vacchini, Mario Botta – and the many others who gave Ticino a name in the world in the 1970s – drew on Heinrich Tessenow and Adolf Loos, Le Corbusier, Ludwig Mies van der Rohe and Louis I. Kahn, updating the concepts, adapting them to the scale of the Ticino territory and developing new, effectively didactic languages. The different poetics shared a strict culture dedicated above all to a relationship with the context and the urbanism that each project pursued. References to the works of the masters rarely took the form of an actual citation, as in Franco Ponti's designs with regards to the works of Wright. Above all, explicit references were made in the works of younger architects and as a vehicle, as a device to introduce modernity into the lagging cultural context, reproposing forms similar to those that the masters had used for the same purpose in their day.

Today, Ticino's best architects in recent generations have inherited the conceptual rigour of the masters, freeing it from the didactic dimension that characterizes the avant-garde phase of every cultural movement. The individual interpretations of those concepts have multiplied and languages that are open to different possibilities have been adopted. In this many-sided scenario, Lukas Meyer and Ira Piattini have won for themselves a significant space characterized above all by the constant attention they dedicate precisely to the unavoidable matter of the project's relationship to memory, which has left a profound mark on their poetics.

Their first major work, the administrative building in Via al Chioso, Lugano, reveals the qualities that would later be re-proposed in works to follow. First among them is "city-making" with a simple, effective position, constructing the building along the street and modulating its alignment to create interesting perspectives and unusual interior spaces. The designers declare that they were inspired by Milan – in particular the blocks built by Asnago and Vender, which introduced the orderly façades of Nordic culture into the postwar city – but without a doubt, the material that their memory provided them is also of another sort: the images

Mario Asnago, Claudio Vender
Gebäude in / Building in, Via Albricci, Mailand / Milano, 1956

Mario Asnago, Claudio Vender
Gebäude in / Building in, Piazza Velasca, Mailand / Milano, 1947

[1] Italian: "a baionetta"

Wohngebäude im Quartier / Neighbourhood housing
Weiße Stadt, Berlin, 1929–1931

Raum erobert. Er ist besonders durch ihr fortwährendes Interesse an der unausweichlichen Frage nach der Beziehung eines Projekts zur Erinnerung gekennzeichnet, was die Poetik der beiden Architekten tiefgehend geprägt hat.
Ihr erstes bedeutsames Werk, das neue Verwaltungsgebäude in Lugano in der Via al Chioso, lässt bereits Qualitäten erkennen, die sich später in anderen Arbeiten wiederholen sollten. Das ist vor allem das «Stadt machen» in einer einfachen wirksamen Situation, indem man das Gebäude neben die Strasse setzt und seine Fluchtlinie moduliert, um interessante Perspektiven und ungewöhnliche Innenräume zu erzeugen. Die Architekten bekennen sich zu ihre Mailänder Inspiration – gemeint sind die Häuserblöcke von Asnago/Vender, die die geordneten Fassaden der nordischen Kultur in die lombardische Stadt der Nachkriegszeit gebracht hatten –, doch das Material, das ihre Erinnerung zur Verfügung stellte, besteht auch aus anderem. Dazu gehören die Bilder der Gebäudefassaden von Salvisberg, unter anderem die regelmässigen, wiederholt gelochten Oberflächen der Weißen Stadt in Berlin, die zum Dach hin mit einer kleinen Auskragung für die Dachtraufe abschliessen. Es ist die Krone, die den Gebäuden von Asnago/Vender fehlt wie auch den Bauten der Tessiner Meister, die keine Auskragung für die Dachtraufe haben. Die Auskragung gleicht das Gewicht des mächtigen Unterbaus aus, sie ist zugleich ein Beweis für den ungezwungenen Realismus, den Meyer und Piattini bei ihrer Arbeit ausüben: Die Frontseite, die einen Teil der mit der Fassade bündigen Fenster aufnimmt, muss mit einer minimalen und für den Zweck ausreichenden Auskragung geschützt werden. Die Verteilung der internen Verbindungen in «Bajonettform», die südlich der Alpen ungewöhnlich ist, entstammt der deutsch-schweizerischen Tradition. Von Asnago/Vender bis Salvisberg: Die von diesem Projekt in die Tat umgesetzte Erinnerung ist voller Kritik gegenüber der stärker verbreiteten und antiurbanen Art, ohne Bezugnahme an die Strasse zu bauen. Das Verwaltungsgebäude in der Via al Chioso in Lugano bringt mehr als jeder andere in jenen Jahren dort entstandene Neubau einen starken Willen zu urbaner Dichte zum Ausdruck.
Ein ähnlich intensiver Rückgriff auf den Fundus der Geschichte erfolgte beim Geschäftssitz der AET in Monte Carasso, der zusammen mit Francesco Fallavollita entworfen wurde. Das prägnante Raster der Fassade wird auf dem Dach sozusagen als fünfte Fassade weitergeführt, sodass der geheizte Gebäudekern von allen Außenseiten eingefasst ist. Die Einzigartigkeit dieser Lösung wirkt besonders eindrücklich von der Strasse aus, die nach Bellinzona führt, da die Trasse höher liegt als das Grundstück. Eine offenkundige Orientierungsbasis dafür ist das Gebäude des faschistischen Industriearbeiterver-

of the façades in the Weisse Stadt designed by Salvisberg in Berlin, their surfaces perforated in a regular, repeated way, ending at the sky with small eaves marking their edges. It is the crowning that is missing in the buildings by Asnago and Vender, and also in the projects by the Ticino masters, which lack eaves. The overhang balances the weight of the powerful base, but is also proof of the uninhibited realism that Meyer and Piattini employ in their work: the front, which holds some of the frames flush with the façade, must be protected with the minimum overhang sufficient for the purpose. The "bayonet-style"[1] distribution of the internal connections (arranging spaces in a quincunx to preserve exposure on two sides), which is unusual in areas to the south of the Alps, was borrowed from the German Swiss tradition. From Asnago and Vender to Salvisberg, the memory activated by this project is heavy with criticism towards the more widespread and anti-urban way of building without relationships to the street. More than any other building constructed in Lugano in those years, the development in Via al Chioso expresses a strong expectation of urban density.
A similarly intense use of the material of history is found in the AET administrative offices in Monte Carasso, designed with Francesco Fallavollita. The precise grid on the façade ends in the sky, extending to the fifth façade so as to cover the central part, which is kept warm on each side. The singularity of the solution can be appreciated from the road from Bellinzona, which runs above the level of the countryside. It most definitely refers to the image of the Como offices of the Fascist Union of Industry Workers, built in 1943 by Cesare Cattaneo and Pietro Lingeri, along with the projects by Milan's Giorgio Grassi, with whom Lukas Meyer collaborated in the 1980s. Its relationship with the architecture of Lario rationalism is interesting, because the very rare reciprocal references between the two regional forms of architecture have yet to be investigated by historians. The AET offices also recall the austere state office building in Bellinzona, built in 1950 by Guidini, Jr. and Bernasconi, Jr., who imported the modules adopted by Salvisberg in Zurich and Basel to Ticino.
In Via Vicari, Lugano, it was the bold experiments of Ticino's Mario Chiattone – who along with Antonio Sant'Elia launched the Futurist era – that suggested the curvilinear shaped wrapping around the flats. The unusual way in which the fine layout of the plan is structured and the continuous sculptural moulding of the fronts indicate the rather sophisticated references to German Expressionist architects and express a freedom from the dogma of the right angle that they brought to Modernism. The windows with their curvilinear outlines, repeated in the utility spaces on each floor, are a

bands in Como, das 1943 von Cesare Cattaneo und Pietro Lingeri errichet wurde, sowie die Projekte des Mailänders Giorgio Grassi, dessen Mitarbeiter Lukas Meyer in den 1980er-Jahren war. Der Bezug zur Architektur des Rationalismus am Comersee ist interessant, da die äusserst seltenen wechselseitigen Einflüsse zwischen den beiden regionalen Architekturen von Historikern noch zu untersuchen sind. Der Sitz der AET erinnert auch an das schlichte staatliche Bürogebäude in Bellinzona, das 1950 von Augusto Guidini Junior und Ferdinando Bernasconi Junior erbaut wurde; die beiden importierten die Module, die Salvisberg in Zürich und Basel verwendet hatte, ins Tessin.

In der Via Vicari in Lugano verweist das geschwungene Volumen, das jede Wohnung ummantelt, auf die gewagten Experimente des Tessiners Mario Chiattone – der mit Antonio Sant'Elia das Zeitalter des Futurismus eingeläutet hatte. An der ungewöhnlichen Art, wie sich die schöne Einteilung des Grundrisses gliedert, und an den statuarischen, fortlaufenden Simsen der Fassaden lassen zudem kultivierte Anspielungen auf die Erfahrungen der Architekten mit dem deutschen Expressionismus und auf die Freiheit vom Dogma des rechten Winkels erkennen, die das Neue Bauen eingeführt hatte. Das Fenster in abgerundeter Form, das sich in den Servicebereichen auf den Etagen wiederholt, ist eine geometrisierte Version der Öffnungen im Beton der Seitenfassade des AET-Gebäudes.

Hier muss man an die Formen der Öffnungen denken, mit denen Lina Bo Bardi Durchgänge für die Wände ihrer mächtigen Betonblöcke umsetzte. An Bo Bardi und an die brasilianischen Architekten erinnert auch die Oberfläche aus Eisenbeton, die die Rauheit der Schalungsbretter zur Schau stellt. Die Arbeit von Meyer und Piattini ist immer von einer kritischen Erforschung der verbreitetsten Bauweisen begleitet. Die Weigerung, die Regeln der Baustelle als definitiv erworbene Kenntnisse zu übernehmen, sowie das Experimentieren mit neuen nonkonformistischen Lösungen verleiht der intellektuell-kritischen Haltung gegenüber den verschiedenen Möglichkeiten, das Territorium zu bewohnen, eine durch den Bau zum Ausdruck gebrachte regelrecht materielle Substanz. Einer etablierten Tradition folgend sind die Oberflächen aus Sichtbeton; perfekt glatt und eisig-samtig kennzeichnen sie einen grossen Teil der Bauten der Tessiner Architekten. Bei den Häusern in Barbengo, bei dem AET-Gebäude und bei dem Geschäftssitz der Credit Suisse weiss man hingegen die «sinnliche» Körperlichkeit des Materials zu schätzen, das dazu beigetragen hat, die expressive Kraft von Le Corbusiers Werken aus der Nachkriegszeit herbeizuführen. Man darf nicht unterschätzen, dass die Berufswelt der Architektur die Körperlichkeit der *Konstruktion* hinzugefügt hat; sie verändert die sinnliche Wahrnehmung des fertigen Baus grund-

geometricized version of the openings in the concrete on the side of the AET building.

Here we think back to the shapes of the holes that Lina Bo Bardi used to create openings in the walls of her powerful concrete structures. There are further references to Bo Bardi and the Brazilian architects in the surface of the reinforced concrete, which exhibits the roughness of the panels making up the formwork. The work of Meyer and Piattini is always accompanied by a critical investigation into the most widely used construction methods. Their refusal to take on habitual construction practices as knowledge acquired once and for all, and their experimentation with different, unconventional solutions give a truly material substance, expressed through construction, to their intellectually critical attitude towards ways of inhabiting a territory. According to established tradition, the exposed concrete surfaces that characterize the majority of Ticino architects' works are perfectly smooth, velvety yet cold. However, in the houses in Barbengo, the AET building and the Credit Suisse offices, one can appreciate the "sensual" physicality of the material which helped to define the expressive force of Le Corbusier's postwar works. It is not a detail, but knowledge of the craft that added to architecture the physicality of the *construction*, which makes the sensory perception of the finished work profoundly different in comparison to the insufficiency of the 3D images of published designs. In the project for the police station in San Bernardino, the long planks of wooden cladding are arranged in horizontal bands between series of window frames, and then vertically between one frame and the next: this collage is more reminiscent of the free assemblage used in building sheds than the usual, elegant, homogenous cladding with wood siding.

Cesare Cattaneo, Pietro Lingeri, Luigi Origoni, Alberto Magnaghi, Mario Terzaghi
Hauptsitz der Faschistischen Union der Industriearbeiter / Headquarters of the Fascist Union of Industry Workers, 1940–1943

legend, nicht vergleichbar mit der Beschränktheit von 3-D-Bildern der veröffentlichten Projekte. Bei der Verkehrspolizeizentrale in San Bernardino sind die breiten Holzbretter der Verschalung in horizontalen Bändern zwischen zwei Fensterreihen angeordnet sowie vertikal zwischen den einzelnen Fenstern: eine Art Collage, die eher an die freie Montage der Konstruktion einer Baracke erinnert als an die übliche elegante, gleichmässige Verkleidung mit Holzleisten.

Der Realismus, mit dem Meyer und Piattini ihre fortwährende kritische Haltung interpretieren, kommt bei dem Neubau der Weinkellerei Azienda Agricola Bianchi in Arogno gut zum Ausdruck. Hier entsprechen der im Gebäude untergebrachten Tätigkeit keine Bautypen und distributive oder konstruktive Massstäbe, die man anwenden oder anfechten könnte, und das architektonische Ergebnis ist überraschend. Die vorgegebene Raummasse zum Zweck der Weinherstellung bot die Gelegenheit, die Räume mit der planerischen Autorität zu interpretieren, die Meyer und Piattini bei den anderen Bauwerken durch die fruchtbare Auseinandersetzung mit der Erinnerung ausgereift hatten. Das Museum La Congiunta in Giornico von Peter Märkli ist ein wegweisendes Beispiel: Die aufrichtige Härte der volumetrischen Komposition der Weinkellerei neigt zur Abstraktheit der Figur wie in Giornico.

Auch der Geschäftssitz der Credit Suisse in Lamone ist von einer ebenso «harten», stereometrischen und schnörkellosen Wirkung. Die interessante Geometrie – deren Stärke in der Überschneidung der Rechtecke liegt – weist dem grossen «Felsen» eine wichtige Rolle zu, die die von dem Bauherrn gestellte Aufgabe bei Weitem übertrifft, denn der Felsen dient in der auf diffuse Weise urbanisierten Ebene als Fixpunkt.

Die Situationspläne von Meyer und Piattini sind unanfechtbar. Die Wahl des Raumprogramms der Gebäude und die Entscheidung, wie man sie in Bezug zu einem Kontext auf dem Grundstück positioniert, sind elementar und entschieden und drücken die radikale Kritik an der territorialen Voraussetzung und das Bewusstsein für seine Dramatik aus. Gleichzeitig vermittelt ihre Arbeit ein grosses Vertrauen in die Fähigkeit von Architektur, gefährdete und heruntergekommene Situationen zu retten. Abgesehen von der seltenen Chance des urbanen Projekts in der Via al Chioso – denn die besten Architekten bleiben von den wichtigen Berufsaufträgen im Stadtinneren meistens ausgeschlossen – liegen die anderen Gebäude in der Regel in der Peripherie der Stadt und sind didaktische Beispiele für eine territoriale Regeneration.

Das Rechteck des AET-Gebäudes bringt Ordnung in die ganze Überbauung und kann zusammen mit dem geplanten vertikalen Volumen zu einem Bezugspunkt in der Landschaft werden. In Barbengo

The realism with which Lukas Meyer and Ira Piattini have interpreted their constant critical stance is well represented in the recent construction of the Bianchi winery. Here, the hosted activity is not associated with any building types or layout, or construction rules to be adopted or challenged, and the architectural result is surprising. Keeping to the measurements of the spaces corresponding to winemaking processes was an opportunity to interpret them with the design authority that Meyer and Piattini have developed in their other works, through their fruitful dialogue with memory. The La Congiunta museum in Giornico by Peter Märkli is an exemplary precedent: the straightforward harshness of the winery's volumetric composition tends towards the abstraction of the figure, as in Giornico.

In the Credit Suisse offices in Lamone, too, we find a similarly "harsh" effect that is stereometric and devoid of detail. The interesting geometry – playing on intersecting rectangles – assigns an important role to the large "rock", which goes far beyond the task that the client entrusted to it, marking a special point in the urbanized plain in a wide-ranging way.

The site plans of Meyer and Piattini are peremptory. The choice of layout for the buildings and their position on the terrain with regards to the context is simple and direct, expressing a radical criticism of the local conditions and an awareness of their gravity. At the same time, their work conveys a deep faith in the ability of architecture to redeem jeopardized and degraded situations. Apart from the rare opportunity of the urban project in Via al Chioso – since the best architects are largely excluded from major development contracts in cities – the other buildings constructed are generally located on periurban sites and are didactic examples of local area regeneration.

The parallelepiped of the AET offices adds order to the constructed whole and, along with the vertical volume to be built in the future, can become a reference point in the landscape. In Barbengo, the five small houses connected by the walls of the vineyard terracing shape the place instead of reproducing another piece of disorderly territory. Visiting them some years after their construction, with the trees now grown and the myriad signs of residents having lived there, eliminating the clean, aseptic feeling of newness, shows that the density of built-up areas can be diminished by enhancing the intimacy of the dwellings as well as forming spaces for social life.

The explicit use of memory as a material in the project, which gives the architecture expressive depth, the constructive realism with which they exercise their trade and the sophisticated, sensual materiality of their works are qualities that leave the work of Meyer and Piattini outside a

bilden die fünf kleinen, untereinander durch die Mauern der Weinbergterrassen verbundenen Häuser einen Ort, anstatt ein weiteres Fragment in ein ungeordnetes Territorium zu kopieren. Bei einem Besuch einige Jahre nach ihrer Fertigstellung, mit gewachsenen Bäumen und Tausenden Zeichen des Lebens der Bewohner, die die aseptische Sauberkeit des Neuen gelöscht hatten, wird klar, dass man von der Siedlungsdichte ablenken kann, indem man die Intimität der Wohnungen zusammen mit der Bildung von Räumen für Geselligkeit aufwertet.
Die erklärte Verwendung der Erinnerung als Projektmaterial verleiht der Architektur von Meyer und Piattini einen dichten Ausdruck. Der konstruktive Realismus, mit dem sie ihren Beruf ausüben, und die ausgesuchte, ja sinnliche Stofflichkeit ihrer Werke sind Eigenschaften, die die Arbeit von Meyer und Piattini einer gewissen «Art und Weise», zu der verschiedene Tessiner Architekten gehören, entziehen. Die Kritik der Gegenwart, die dauerhafte und reflexive Unzufriedenheit gegenüber der Realität, sowie fehlende dogmatische Gewissheiten nähren ihre Suche nach einer bestimmten Spannung, die man wie ein Wasserzeichen in ihren Bauwerken erkennen kann.
Adolf Loos hat eine Definition des Architekten formuliert – «ein Maurer, der Latein gelernt hat», die die Arbeit von Meyer und Piattini wirksam zusammenfasst, denn sie gibt eine Vorstellung von dem Bauwissen, das mit ihrem kulturellen Bewusstsein gepaart ist.

certain "manner" to which various Ticino architects belong. Criticism of the present, a constant, introspective dissatisfaction with reality, and a lack of dogmatic certainties all fuel their inquiry with a tension that can be read between the lines in their works.
Adolf Loos coined a definition of the architect – "a bricklayer who has studied Latin" – which describes the work of Meyer and Piattini in a straightforward, effective way, combining construction expertise with cultural awareness.

Peter Märkli
La Congiunta, Giornico, 1992

* Original Text in Italienisch / Original text in Italian: www.meyerpiattini.ch –> pubblicazioni

Stopacüü, Johanniter und flächenbündige Fenster

Oliver Scharpf*

Aus den Fenstern des Studios Meyer e Piattini hinter dem Bahnhof in Lamone sieht man Ende November, wenn die Wälder schon fast alle Blätter verloren haben, frühmorgens ein blinkendes Leuchten. Es sind Scheinwerfer von Autos, die die engen Kurven der Penüdria herunterfahren, der legendären steilen Waldstrasse, die vom Malcantone in die Ebene von Vedeggio führt. Wir trinken rasch einen Espresso, dann machen auch wir uns an die Arbeit. Ins Auto gestiegen, und los geht's in Richtung Bauernhaus von Ira Piattini. Lukas Meyer sitzt am Steuer und zeigt mir gleich nach dem Kreisverkehr eine ihrer neuesten Arbeiten, den neuen Geschäftssitz der Credit Suisse. Ich kann im Vorbeifahren gerade noch einen Blick erhaschen. Aus dem Augenwinkel erkenne ich die Regelmässigkeit der grossen beleuchteten Fenster, die das Gebäude aus Sichtbeton monolithisch wirken lassen. Auf der Autobahn, nach den Einkaufszentren von Grancia, sieht man die fünf oben in Barbengo stehenden Einfamilienhäuser, die zwischen 2007 und 2009 entworfen worden sind: die dritte Etappe unserer Architekturtour.

Für die erste Etappe fahren wir in Maroggia auf die Strasse, die nach Arogno hinaufführt. In einer Kurve im Ortsteil Piazzo biegen wir nach rechts in einen Schotterweg ab. Schon das hübsch bukolisch-modern gestaltete Gitter des Gartentors sagt viel aus über die natürliche Liebe zum Detail, die hier herrscht. Eine schwarze Katze überquert wie ein Blitz vor uns die Strasse, aber als Katzenfreund interpretiere ich als ein gutes Omen. Wir befinden uns in einer sanften Biegung des Mara-Tals, wo inmitten eines Rebbergs ein altes Bauernhaus steht, das Ira Piattini zusammen mit ihrem Lebensgefährten Paolo Merzaghi sehr sorgfältig renoviert hat. Wir schütteln den beiden jetzt die Hand. Über dem Kamin hängt ein mit den Initialen W R signiertes Pastellbild von 1922, das einen schönen Eindruck von diesem Fleckchen Erde vermittelt. «Die Schönheit des Rebbergs wird auch in einem Artikel der *Gazzetta ticinese* von 1911 erwähnt», erzählt mir Paolo Merzaghi stolz. Ringsherum lassen Leuchten wie die Toio von Achille und Pier Giacomo Castiglioni oder die Halogenlampe von Joe Colombo sowie Holzdrucke von Teresa Leiser-Giupponi auf einen gewissen Stil schliessen. Doch die echte, spontane Eleganz entdeckt man im Holzboden, der aus der Mühle von Maroggia stammt, und an den Fensterrahmen aus dem Holz eines Nussbaums, der in der Via al Chioso in Lugano stand. Dort werden wir später ein weiteres Gebäude anschauen. Das Büro war einst ein Heuschober gewesen. Im Gemüsegarten pflücke

Stopacüü, Johanniter and flush windows

Oliver Scharpf*

If you look up from the windows of the Meyer and Piattini studio behind the Lamone railway stop, in the early morning of late November when the woods are already rather bare, you can see intermittent lights. What you see are the headlights of cars coming down the winding curves of the *Penüdria*, the legendary steep road running through the woods that connects Malcantone with the Vedeggio plain. We down a quick coffee and get to work: into the car and off we go towards Ira Piattini's farmhouse. Lukas Meyer at the wheel points out one of their most recent works just after the roundabout: the new offices of Credit Suisse, which I glimpse briefly. Out of the corner of my eye I grasp the regularity of the large, illuminated windows that make the exposed concrete building monolithic. On the motorway, after the shopping centres in Grancia, up in Barbengo we spot the single-family homes designed between 2007 and 2008: the third stop planned for our architectural drive.

For the first stop, in Maroggia, we take the road climbing towards Arogno. At a curve, in the hamlet of Piazzo, we turn right onto a little unpaved road. Even the gate, with its fence embellished in an attractively contemporary-bucolic way, says a lot about the natural attention to detail. A black cat darts off in front of us, but as a cat lover I consider it a good sign. We're in a gentle fold of the Val Mara, where an old country house set in a vineyard has been carefully restored by Ira Piattini and his partner, Paolo Merzaghi, who now shake hands with me. Over the fireplace, a coal-black pastel dated 1922 and signed with the initials "WR" tells us everything about this corner of the world. "The beauty of the vineyard is also mentioned in a 1911 article in the *Gazzetta Ticinese*," Paolo Merzaghi tells me proudly. Around us, lamps like Toio by Achille and Pier Giacomo Castiglioni or the halogen light by Joe Colombo and woodblock prints by Teresa Leiser Giupponi reveal a certain style. But we discover true spontaneous elegance in the hardwood floor from Mulino di Maroggia and in the windows made from the wood of a walnut tree that stood in Via al Chioso, Lugano, where we'll go later to see a building. The studio used to be a barn. In the vegetable garden I gather a few leaves of thyme and rub them between my fingers to release their scent. "Being new to the country," says Ira amusedly, "we'd moved the garden over there, but it got no sun; its original location was the right one." The house dates back to the eighteenth century. The façade, which has not been radically altered by invasive interventions, is fully savoured by retracing the various eras through

ich ein paar Thymianblättchen und zerreibe sie zwischen den Fingern, damit sich ihr Duft entfalten kann. «Als echte neue Landleute», erzählt mir Ira schmunzelnd, «hatten wir den Gemüsegarten dorthin versetzt. Allerdings kam da keine Sonne hin, die ursprüngliche Lage war die richtige». Das Haus stammt aus dem 18. Jahrhundert. Die Fassade, die keine einschneidenden Veränderungen erfahren hat, geniesst man am besten eingehend, indem man anhand der imposanten Heterogenität der Backsteine die verschiedenen Epochen zurückverfolgt. «Stopacüü», sagt Lukas als Erklärung zur Heckenrose, die vor den Mauern wächst. So lerne ich ein neues, sehr treffendes und amüsantes Dialektwort. Die Agave am Eingang und die Olivenbäume verwirren etwas, sie versetzen meine Vorstellungswelt etwa fünf Sekunden lang in ein toskanisches Landhaus. Durch das Autofenster nimmt man wahr, dass wir jetzt genau an der Stelle vorbeikommen, an der William Ritter (1867–1955) – ein eher unbekannter Maler, Weltenbummler und Musikkritiker, ein Mahler-Experte, geboren in Neuchâtel und gestorben in Melide – mit Pastellstrichen die Landschaft eingefangen hat. Die in den Novembernebel gehüllten Hänge vermitteln mir immer eine extreme Ruhe. «Johanniter» heisst eine 1968 gezüchtete Rebsorte; sie fällt unter den anderen bekannteren, die Ira im Zusammenhang mit dem hauseigenen Rebberg aufzählt, besonders auf. «Johanniter» ist, wie das Dialektwort für Hagebutte, als Mantra des Tages zu betrachten. Am gegenüberliegenden Hang, am Fuss des Monte Generoso kurz vor Arogno, sichten wir unser nächstes Ziel. Nach der ehemaligen Uhrenfabrik, die seit Jahrzehnten stillsteht, erscheint ganz überraschend eine potenzielle Baumschule für Weihnachtsbäume. Doch unsere kleine Architekturreise führt von Rebberg zu Rebberg.
Die schnörkellos in den terrassierten Hang eingefügte Weinkellerei Azienda Agricola Bianchi könnte auf den ersten Blick sehr roh wirken. Obwohl es nur ein rascher Eindruck ist, finde ich, dass man diese Wirkung als Qualitätsmerkmal bezeichnen muss. Ganz bestimmt kommt der Bau direkt, hart, grob, klar daher, essenziell und ohne Geschwätz daher. An der Fassade sieht man zarte Spuren der Schalung, die an den Ortbeton von La Congiunta in Giornico erinnert. Übrigens gibt es auch dort, neben jenem seltsamen Museum, einem Mittelding zwischen Naturbelassenheit und Selbstbedienung, das Peter Märkli 1992 entworfen hat, Rebberge – die letzten im Tessin. Nachdem man den Beton von Giornico gesehen hat, versteht man, dass dieser Beton hier konzipiert wurde,

the magnificent variety of the bricks. "Stopacüü," says Lukas, referring to the wild dog rose climbing up the walls. I thus learn a new word in dialect, one that is both amusing and very precise. The agave at the entrance and the olives are rather disorientating, recalling for a moment a farm in Tuscany. From the car window it's clear that we're now passing through the very point where William Ritter (1867–1955) – a minor, world-travelling painter and music critic, who was also an expert on Mahler, born in Neuchâtel and died in Melide – sketched the landscape in pastels. Hillsides swathed in the November fog always fill me with a deep sense of calm. "Johanniter": a vine developed in 1968, stands out among other, better known varieties that Ira lists among the property's vineyards. On a par with the dog rose in dialect, this must be considered a mantra-word of the day. On the opposite side, at the foot of Monte Generoso just before arriving in Arogno, we catch sight of our next destination. After the former clock factory that has been closed for decades, we are surprised to see a potential crop of Christmas trees. But our little architectural trip goes from one vineyard to another.
Grafted onto the terraced land without embellishment, the Bianchi winery could seem quite harsh at first sight. Though this is the first, quick impression it makes, I still consider it a good quality. It certainly is direct, tough, crude, clear, essential – there is nothing frivolous about it. On the façade, there are delicate traces of the forms, reminiscent of the concrete cast in place for La Congiunta Museum in Giornico. What's more, even next to that anomalous museum, halfway between a natural state and a self-service station, built in 1992 by Peter Märkli, there are vineyards: the last ones in Ticino. Having observed the concrete in Giornico, it's clear that it was designed to become more beautiful with the passing of time through weathering. Inside, by opening by opening a hatch, Ira shows me the principle governing the design of the wine cellar: gravity. The grape juice falls naturally into the vats through this hatch. No stress. And the jolly faces of the two young Bianchi brothers – Martino and Gabriele – at work say a lot about the beneficial effects that this hard work has on the spirit. In addition to the concrete, the metal parts of this gravitational cellar are sage green. We descend into the warm, softly lit barrel cellar, where we could stay and meditate for hours. On the street, near the Arogno elementary schools, we drive over a football. We go back to make amends, doing our best to console the boy

«Stopacüü» heisst im Tessiner Dialekt «Heckenrose». / «Stopacüü» is the Ticino dialect word for «dog rose».

um mit der Zeit und den wechselnden Witterungsverhältnissen schöner zu werden. Im Inneren öffnet Ira eine runde Luke und zeigt mir das Prinzip des Weinkellers: die Schwerkraft. Der Traubensaft fällt durch diese Öffnung ganz natürlich in die Bottiche. Ohne Stress. Die jovialen Gesichter der beiden jungen Brüder Bianchi – Martino und Gabriele – bei der Arbeit sprechen Bände über die positive Wirkung, die dieser anstrengende Beruf auf die Seele ausübt. Neben Beton gibt es in dieser Gravitationskelter salbeigrüne Metallteile. Wir steigen in den angenehm warmen, diffus beleuchteten Fasskeller hinab, wo man Stunden in Meditation verbringen könnte. Wieder auf der Strasse rollt uns auf der Höhe der Primarschule von Arogno ein Fussball unter die Räder. Wir kehren um, um den Schaden wieder gutzumachen, indem wir den düster dreinblickenden Jungen mit seinem zerstörten Ball in der Hand trösten, so gut wir können. Seine Lehrerin schätzt es, dass wir zurückgekehrt sind, statt uns nicht darum zu scheren und einfach weiterzufahren.

Auch hier in Barbengo gibt es einen Rebberg; er ist von goldgelber, ins Hellbraune gehender Farbe und passt perfekt zu den untypischen Rollläden aus Holz. Die beiden Architekten hatten vor sieben Jahren veranlasst, in jedem Garten der fünf Einfamilienhäuser kurze Rebzeilen anzupflanzen, um die verlorene Bestimmung dieses terrassierten Grundstücks, das früher mit Reben bepflanzt war, zu rekonstruieren. Zugleich sollte diese Massnahme die Einheit der Häuser betonen. Sie sind alle gleich gross, weisen aber kleine Unterschiede auf und wurden in Anpassung an das Auf und Ab der Geomorphologie auf abgestuften Höhen erbaut. Die Einheit der Häuser mit dem zickzackförmigen Dachprofil entstand auch und vor allem aufgrund der vereinenden, durchgehenden Mauern. Wie bei Häusern eines alten Ortskerns mit einem Platz in der Mitte gibt es hier ebenfalls einen gemeinschaftlichen offenen Bereich. Die gefällige Unregelmässigkeit der Fassade beeindruckt sofort. «Die Absicht war, sie vibrieren zu lassen», erklärt Ira. Zwei dieser flimmernden Fassaden sind an jedem Haus weiss gestrichen: So wird die vibrierende Bewegung betont.

Die Via al Chioso verläuft rechtwinklig zur Stadtstrasse Viale Cassarate, die sich wenige Schritte entfernt von hier befindet. Dort beginnt bekanntlich das Quartier von Viganello. Der Name der Strasse und die gigantischen Hausnummern 8 und 10 wurden nach dem Entwurf des Grafikers Alberto Bianda unübersehbar an der Fassade angebracht. Für dieses Geschäftsgebäude, das unmittelbar neben der Fidinam von Mario Botta steht, «standen die Mailänder Gebäude des Duos Asnago/Vender Pate», verrät mir Lukas. Die grossen flächenbündigen Fenster wie diese hier sind eines ihrer Markenzeichen. Gleichzeitig drängt das fabrikähnliche

holding his annihilated ball, his face darkened. His teacher appreciates our turning back instead of driving on without a care.

There's a vineyard here in Barbengo, too: a golden yellow that changes to light brown, perfectly matching the atypical wooden roller-shutters. In each garden of the five single-family homes, the two architects had short rows of vines planted seven years ago. They serve to reconstruct the lost vocation of this terraced land, where vineyards once grew. And at the same time, they unify the five large houses, which appear the same but are all slightly different and built at different heights, following the ups and downs of the landscape. Above all, the houses, with the zig-zagging outline of their roofs, are also unified by the continuous walls joining them. Like the houses in an old hamlet with a square, there is a shared open space. The graceful irregularity of the façade makes an immediate impression. "The aim was to make it vibrate," Ira reveals. Two of these quivering façades for each house are painted white, thus accentuating the appearance of a vibrating movement.

Via al Chioso is a road perpendicular to the city street of Cassarate, which runs a few paces from here. And which, we know, marks the beginning of the Viganello quarter. The name of the street and the huge house numbers, 8 and 10, are repeated on the façade, an idea contributed by the graphic artist Alberto Bianda. For this administrative building, attached to the Fidinam by Botta, "the inspiration was the buildings designed in Milan by the duo Asnago and Vender," Lukas explains. Large "windows flush with the wall" are one of their features, as they are here. At the same time, however, the factory-like look drives our memory, for a couple of seconds, almost further north. The Nordic air is intensified by the wild ferns, well organized in flowerbeds with galvanized steel containers designed by the landscaper Sophie Ambroise, who is responsible for the rebirth of the Cassarate delta. In the direction of Monte Bré, seven verses in huge, block letters by Davide Monopoli, a poet from Lugano who, apparently left for the Provence, stand out on one façade: *Qual / cosa / fora / e / anche / senza / parole / parla* (Some / thing / pierces / and – even / without / words / speaks). At the corner is the start of Via agli Orti, where in the early 90s I can recall various gallery openings, jazz concerts and above all an epic evening with an incomparable one-man show by Cito Steiger, television's unforgettable Gigi Piantoni. Lukas remembers the place well because he worked there; thus we share a burst of wholesome, happy nostalgia.

We set off again down three blocks and turn onto Via Vicari, just after the infamous Bar Carosello and shortly before the small sports field. Here, at the corner of Via Maggio, a block of flats has stood

Aussehen die Erinnerung für ein paar Sekunden eher in den Norden Europas. Das nordische Flair betonen zusätzlich wilde Farne, die gut strukturiert in verzinkten Blumenbeeten gepflanzt sind; dieses Projekt stammt von der Landschaftsarchitektin Sophie Ambroise, die die Flussmündung des Cassarate neu gestaltet hat. In Richtung des Monte Bré prangen auf einer Fassade in riesigen Grossbuchstaben sieben Verse von Davide Monopoli, einem Dichter aus Lugano, der wohl in die Provence gereist ist: «Qual / cosa / fora / e-anche / senza/parole/parla». (Etwas durchbohrt und spricht auch ohne Worte.) An der Ecke beginnt die Via agli Orti, die mich an die 1990er-Jahre erinnert, an verschiedene Vernissagen, Jazzkonzerte und vor allem an einen legendären Abend mit Cito Steigers unvergleichlicher One-Man-Show, in der er die unvergessliche Fernsehfigur Gigi Piantoni spielt. Lukas kann sich sehr gut an den Ort erinnern, weil er dort gearbeitet hatte. So teilen wir ein Stückchen vollkommen glücklicher Nostalgie.
Wir fahren drei Häuserblöcke weiter und biegen in die Via Vicari ein, gleich nach der berüchtigten Bar Carosello und kurz vor dem Sportplatz. Hier, an der Ecke zur Via Maggio, steht seit 2015 ein Wohnblock, den man kurz als «Chiattone-Neuinterpretation» umreissen könnte. Eine Frau mit einem milchkaffeebraunen Trenchcoat und Plateauschuhen tritt durch das dunkeltürkisblaue Tor ein. Ihr Trenchcoat hat fast dieselbe Farbe wie das beigerosafarbene Gebäude, dessen wunderbar abgerundete Balkone in gewisser Hinsicht an ein Haus aus den 1930er-Jahren von Orfeo Amadò an der Piazza Pelli erinnern. Die neun tropfenförmigen flächenbündigen Fenster entziehen sich jeder geistigen Assoziation oder emotionalen Klassifizierung, obschon es in Richtung Schiffbau und Bullaugen geht. Warum denke ich im Grunde an Miami? Natürlich meine ich das Miami in *Miami Vice,* versteht sich von selbst.

since 2015 that could be summed up as "a revisited Chiattone". A woman with a light coffee-coloured trench coat and wedge heels enters by the teal-coloured gate. Her jacket almost matches the colour of the pinkish-beige building whose exceedingly rounded balconies are in some ways reminiscent of a 1930s building by Orfeo Amadò overlooking Piazza Pelli. The nine teardrop-shaped windows set flush with the wall defy any mental association or emotional classification, though they tend towards a naval direction, like portholes. In the end, something, who knows why, reminds me of Miami. The Miami of *Miami Vice*, of course – that goes without saying.

Geschäftssitz AET, Monte Carasso
mit Francesco Fallavollita, Como

Administrative Offices for AET, Monte Carasso
with Francesco Fallavollita, Como

Der neue Geschäftssitz des Energieunternehmens Azienda Elettrica Ticinese (AET) liegt in einer Talsohle am Fluss Tessin, eingeklemmt zwischen den Bergen und den von Norden nach Süden verlaufenden technischen Infrastrukturen. Zwei durch ein Strukturgitter gekennzeichnete Quader, ein horizontales Volumen auf der einen Seite und ein Hochhaus auf der anderen Seite der Autobahnbrücke, organisieren dieses Areal von Grund auf neu. Die Fassadenkomposition erinnert an das Gewerkschaftsgebäude von Cesare Cattaneo und Pietro Lingeri in Como (1940–1943). Bis jetzt wurde nur das horizontale Volumen ausgeführt, das sich radial zum gekrümmten Flusslauf stellt. Die Verbindung zwischen dem Neubau und der bestehenden Kommandozentrale, die eine «Brücke» herstellt, lässt den kleinen Platz entstehen, an dem sich die Eingänge zu den Gebäuden befinden. Das Strukturgitter der Fassaden ist über das Dach mit einem Betonträgersystem verbunden. Auf diesen Trägern ist die Fotovoltaikanlage montiert, die dem Gebäude seine Energieunabhängigkeit garantiert. An denselben Trägern sind mit Zugstangen aus Stahl auch alle darunter befindlichen Decken aufgehängt. Dadurch werden die Wärmebrücken zwischen den Decken und dem äusserem Tragwerk auf ein Mindestmass herabgesetzt und das technologische Aussehen des Gebäudes betont. Die Fassaden erscheinen je nach Blickwinkel geschlossen und massiv oder transparent. Die Öffnungen an der Ost- bzw. der Westfassade sind eigentlich Einschnitte, die Öffnung an der Ostfassade erinnert an die Öffnungen der Fabrica da pompeia in San Paolo von Lina Bo Bardi. Die Atmosphäre der Innenräume ist warm und von einer grüngrauen Farbe geprägt, die an Wasser denken lässt.

The new offices of the Azienda Elettrica Ticinese (Ticino Electric Company, or AET) are located at the bottom of the Ticino river valley, huddled between the mountains and the technical infrastructures running from north to south. Two parallelepipeds characterized by a structural grid, a horizontal structure and a tower building, placed on either side of the motorway bridge, redesign this area. The composition of the façade is reminiscent of the ULI (Industrial Workers' Union) offices in Como by Cesare Cattaneo and Pietro Lingeri (1940–1943). Only the horizontal building has been constructed, positioned radially from the curve of the Ticino River. The relationship between the new building and the existing Command Centre, to which it connects by means of a "bridge", outlines the small square leading into the buildings. The structural grid of the façades is connected on the roof with a system of concrete beams. These beams carry the solar power system, which provides the building with an independent source of energy, and support the slabs of the floors below by means of steel tie beams, thus optimizing the thermal insulation of the enclosure and accentuating the building's technological appearance. Depending on the viewpoint, the façades can appear closed and solid or transparent. The windows in the terminal ends are cut out; those on the eastern end are reminiscent of the holes in the "Fabrica da pompeia" in Sao Paulo by Lina Bo Bardi. The atmosphere of the interiors is warm and dominated by a grey-green colour reminiscent of water.

Wettbewerb: 2011, 1. Preis
Projekt: 2011–2012
Ausführung: 2012–2015
Auftraggeber: Azienda Elettrica Ticinese AET
Mitarbeiter: Barbara Corbella, Marcello Stabile
Bauleitung: Direzione lavori, Lugano

Fachleute erste Phase – Projektphase
Bauingenieur: Reali Guscetti Studio di Ingegneria, Ambrì
HLKS-Technik: IFEC Consulenze, Rivera
Bauphysik: IFEC Consulenze, Rivera
Elektrotechnik: More Engineering, S. Antonino

Fachleute zweite Phase – Ausführungsphase:
Bauingenieur: Tajana & Partners mit Spadea Bondini Sagl, Bellinzona
HLKS-Technik: Rigozzi Engineering, Giubiasco
Bauphysik: Erisel, Bellinzona
Elektrotechnik: Erisel, Bellinzona
Fassadenspezialist: Patocchi, Cevio
Umweltberatung: Dionea, Locarno

Kunst am Bau: Paolo Foletti, Lugaggia
Energiestandard: MINERGIE P-ECO/MINERGIE A

Competition: 2011, 1st prize

Design: 2011–2012
Construction: 2012–2015
Client: Azienda Elettrica Ticinese AET
Collaborators: Barbara Corbella, Marcello Stabile
Director of works: Direzione lavori, Lugano

First stage specialists – Project stage:
Civil engineer: Reali Guscetti Studio di Ingengeria, Ambrì
HVAC specialist: IFEC Consulenze, Rivera
Building physics: IFEC Consulenze, Rivera
Electrical specialist: More Engineering, S. Antonino

Second stage specialists – Construction stage:
Civil engineer: Tajana & Partners with Spadea Bondini, Bellinzona
HVAC specialist: Rigozzi Engineering, Giubiasco
Building physics: Erisel, Bellinzona
Electrical specialist: Erisel, Bellinzona
Façade specialist: Patocchi, Cevio
Environmental consultancy: Dionea, Locarno

"Art in architecture": Paolo Foletti, Lugaggia
Low-energy standard: MINERGIE P-ECO/MINERGIE A

aet

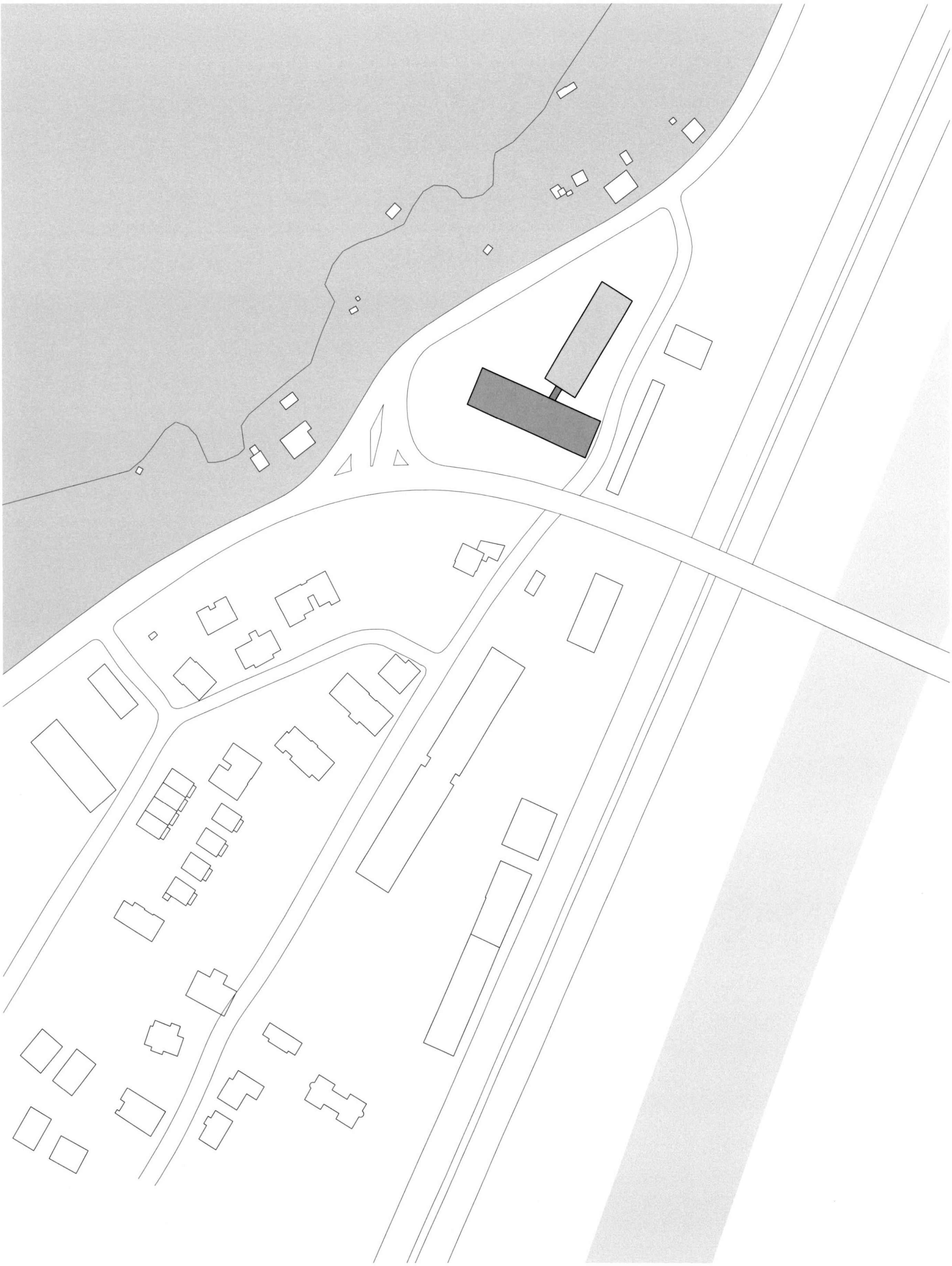

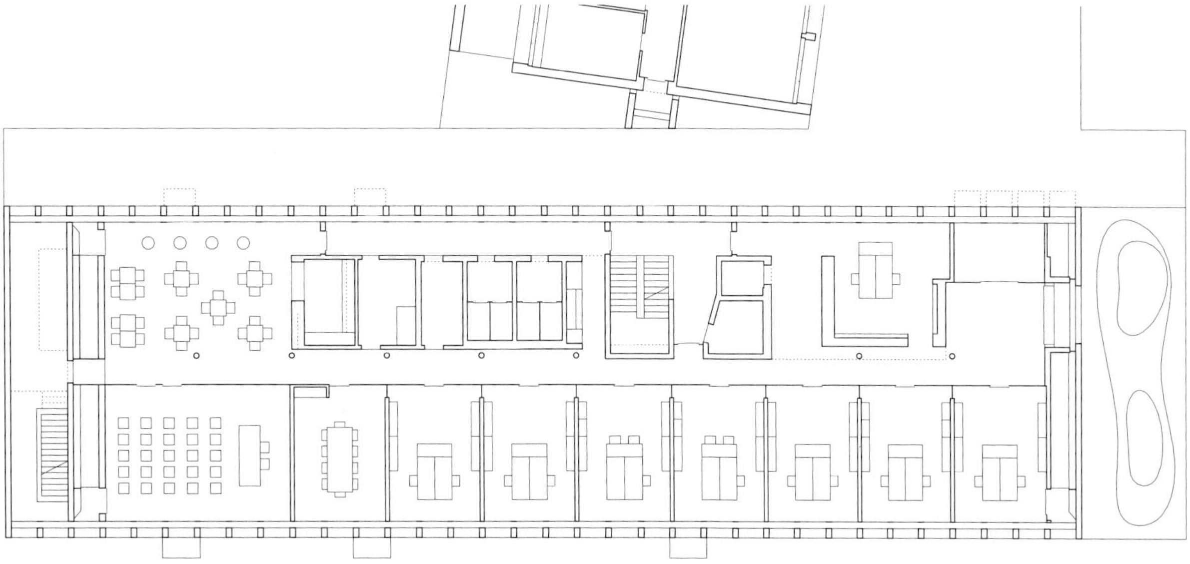

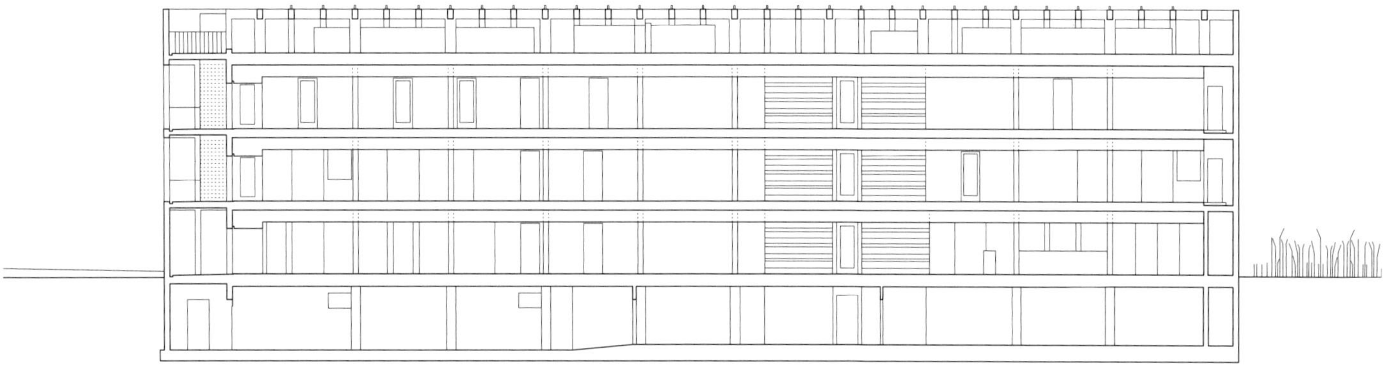

10 m

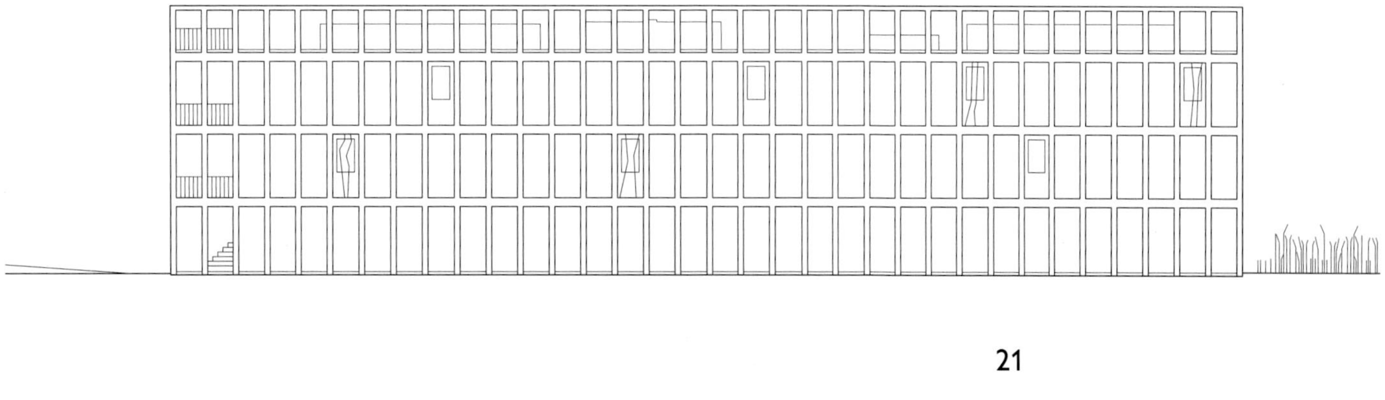

Wettbewerb Erweiterung des Kantonsspitals, Lugano

mit Pez Arquitectos SLP, Madrid

Competition, expansion of the Municipal Hospital, Lugano

with Pez Arquitectos SLP, Madrid

Wettbewerb: 2016
Auftraggeber: Ente Ospedaliero Cantonale EOC (Kantonsspital)
Bauleitung: Direzione Lavori, Lugano
Bauingenieur: Edy Toscano engineering & consulting, Lugano
Planer für die Medizintechnik: PGMM, Winterthur
Bauphysik: IFEC Ingegneria, Rivera
Brandschutz: Puricelli-Mona engineering & consulting, Mendrisio

Competition: 2016
Client: Ente Ospedaliero Cantonale EOC
Director of works: Direzione lavori, Lugano
Civil engineer: Edy Toscano Engineering & consulting, Lugano
Medical technology planning: PGMM, Winterthur
Building physics: IFEC Ingegneria, Rivera
Fire prevention: Puricelli-Mona Engineering & consulting, Mendrisio

Die Höhe der Spitalanlage, die das Ausmass aller anderen umliegenden Gebäude übertrifft, sowie ihre Hanglage sorgen für eine starke, von Weitem erkennbare Präsenz, die die Skyline der Stadt grundlegend prägt. Die Erweiterung des Spitals bietet die Gelegenheit, eine grosse, auf die Stadt ausgerichtete Fassade auf einheitlichere und präzisere Weise neu zu entwerfen und eine breite Aussichtsterrasse für Fussgänger in Richtung Tal zu schaffen, während bergwärts nur der Fahrzeugverkehr zirkuliert.

Das Projekt sieht eine einfache Massnahme vor, die die Aussenräume und die Zugänge neu organisiert; es verfolgt ein Prinzip, das die vorhandenen und die geplanten Volumina in eine bestimmte Ordnung bringen soll. Ein Sockel verbindet alle Elemente. Über ihm erhebt sich ein abstraktes Volumen, das durch eine präzise geometrische Form und eine leichte Materialisation aus Metallblechen gekennzeichnet ist. Dasselbe Prinzip kann für die zukünftigen Erweiterungen auf der Südostseite zur Via Torricelli hin angewendet werden sowie für das hohe Hauptgebäude, das mit einem zusätzlichen Sonnenschutzsystem ausgerüstet ist.

The size of the hospital complex, which is larger than all the other buildings, and its position on a hillside make it a powerful presence that can be perceived from far away and that substantially alters the city skyline. The expansion of the hospital is an opportunity to redesign a large façade in the city in a more precise and harmonious way, as well as create an extensive pedestrian lookout point towards the valley, leaving behind only vehicular circulation.

Our design proposes a simple intervention that reorganizes the outdoor spaces and entrances, setting a principle capable of organizing the existing buildings and future ones.

The idea of a base connecting all the elements is reinforced, with an abstract structure above it characterized by a precise geometric form and a lightweight material effect using metal plates. The same principle will be able to be used for future extensions on the south-east side towards Via Torricelli and can also be extended to the main tower, equipping it with a supplemental system of protection from the sun.

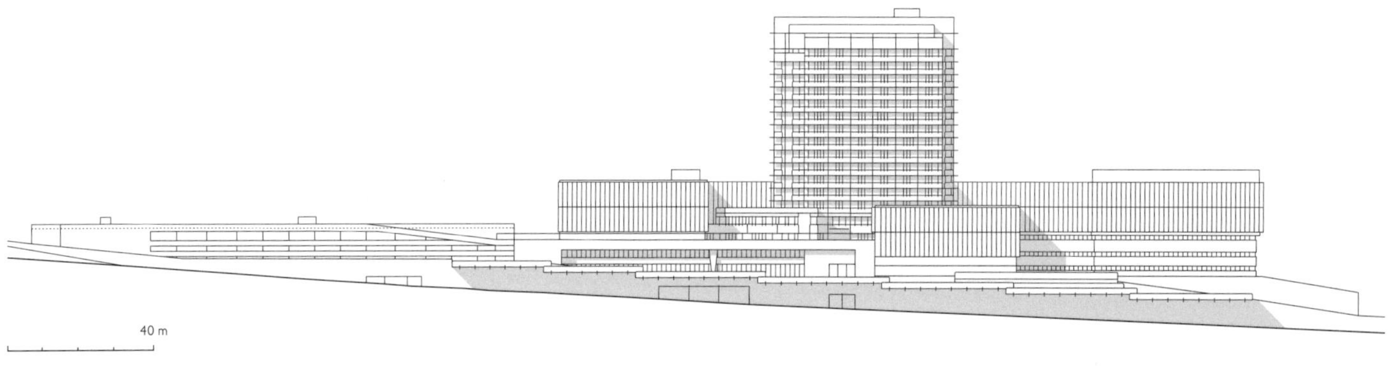

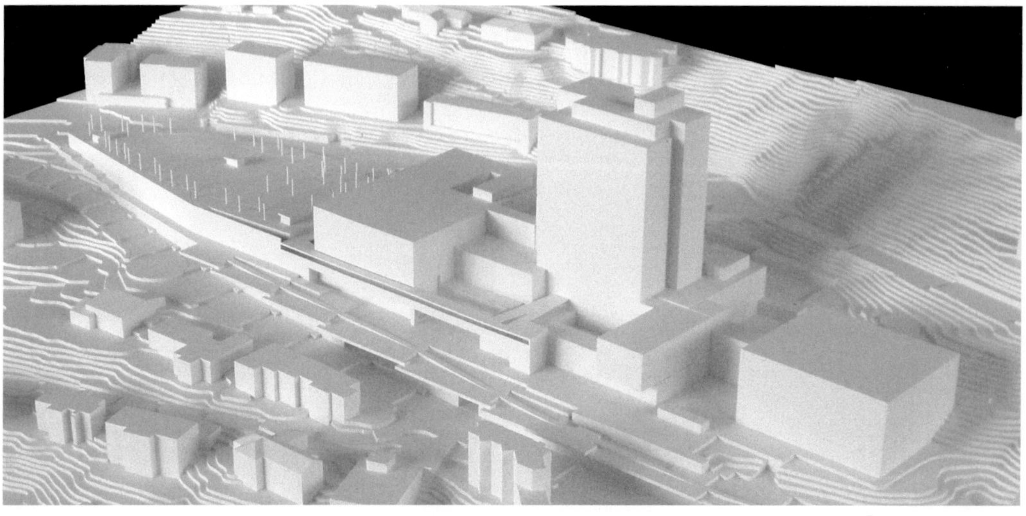

Wettbewerb für den Sitz der IFU, Genf

Der neue Sitz für die Internationale Fernmeldeunion (IFU) in Genf befindet sich auf einem Areal, das durch einen grossen offenen Raum am Ende der grünen Achse des Parks der Vereinten Nationen sowie durch die Nähe zweier relativ hoher Gebäude charakterisiert ist. Der Entwurf schlägt ein niedriges Volumen vor, ein flaches Element mit allen öffentlichen Funktionen, das sich zwischen die vorhandenen Gebäude einfügt und Zugang zu einem Hochhaus gibt, in dem sich die Büros befinden. Auf diese Art wird der städtische Charakter dieses Orts verstärkt und gleichzeitig ein Areal mit niedriger Bebauung beibehalten, die Licht ins Quartier bringt und zwischen den hohen Gebäuden vermittelt.

Competition, UIT offices, Geneva

The new building for the International Telecommunications Union (UIT) in Geneva is located in an area characterized by the presence of a large, open space at the end of the green axis of the United Nations park and by its proximity to two very tall buildings. The design proposes a low building, a complex with all the public functions that is set amongst the existing buildings, providing access to a tower housing the offices. In this way, the urban character of the place is underlined while at the same time maintaining a low-level building area that lets light into the neighbourhood and acts as a mediator with the tall buildings.

Wettbewerb: 2017
Auftraggeber: Internationale Fernmeldeunion (IFU)

Competition: 2017
Client: International Telecomunications Union (UIT)

Ausbau und Neugestaltung Seepromenade, Ascona

mit Rolando Zuccolo, Besazio

Die Neugestaltung definiert die Seepromenade in Ascona neu und wertet sie auf, bewahrt dabei jedoch den typischen Charakter, der in der Geschichte der Ortschaft und im kollektiven Bewusstsein verankert ist. Eine neue Pflasterung mit Gneisplatten unterteilt die Fussgängerzone in zwei parallele Bänder: Das eine zum Spazierengehen besteht aus quer verlegten Platten, das andere ist diagonal angeordnet und lädt zum Verweilen unter den Platanen am Seeufer ein. Beide Bänder verlaufen als Bogen von der einen Seite der Bucht zur anderen. Die Nachtbeleuchtung berücksichtigt zwei Blickwinkel, den vom Platz aus und den vom See her, und hebt die Platanen in ihrer plastischen Form in verschiedenen Farben hervor. Am südöstlichen Endstück der Bucht muss der grosse Platz für Veranstaltungen noch von einer bildhauerisch gestalteten Treppe vervollständigt werden, die zum See hinabführt und auf dem Wasser Plattformen ausbildet. Der ganze Platz wird dann mit einem neuen Bodenbelag aus Gneis gepflastert, der mit Wasserspielen diesen weiten, leeren Raum in eine Sehenswürdigkeit und in einen Treffpunkt verwandeln soll.

Refurbishment and redesign of the Ascona lake front

with Rolando Zuccolo, Besazio

This project redefines and enhances the value of the Ascona lake front while respecting its character, which is part of the town's history and its visitors' collective imagination. New paving in gneiss slabs outlines the exclusively pedestrian area through two parallel bands: one with crossing lines for walking and the other set diagonally for sitting under the plane-trees along the shore. The two bands extend like an arc from one point in the gulf to the other. The night lighting takes into account the dual vantage point one enjoys both from the square and from the lake, and illuminates the sculptural shapes of the plane trees in different colours. On the south-east end of the gulf, the large square for events is still incomplete, with a sculptural staircase descending towards the lake that creates platforms on the water. New paving in gneiss will be extended over the entire square; along with fountains, it will transform this vast empty space into an attraction and a meeting spot.

Projekt: 2008–2009
Ausführung: 2010–2011
Auftraggeber: Gemeinde Ascona

Phase 1 – Seepromenade
Bauingenieur: Andreotti e Partners, Locarno
Beleuchtungstechnik: Consuline, Mailand

Phase 2 – Piazzale Torre
Bauingenieur: AF Toscano, Rivera
Beleuchtungstechnik: Luana Lampis Lightdesign, Lugano

Design: 2008–2009
Construction: 2010–2011
Client: Town of Ascona

Stage 1 – Lake front
Civil engineer: Andreotti e Partners, Locarno
Lighting technicians: Consuline, Milan

Stage 2 – Piazzale Torre
Civil engineer: AF Toscano, Rivera
Lighting technicians: Luana Lampis Lightdesign, Lugano

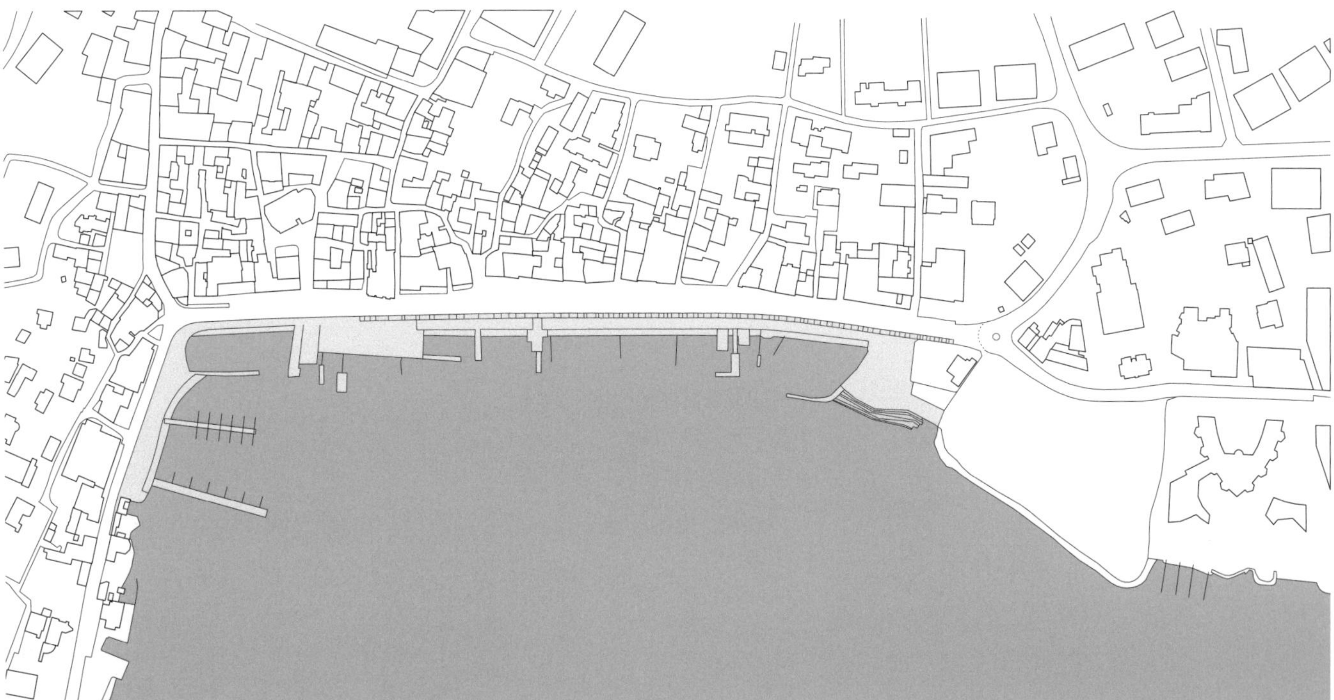

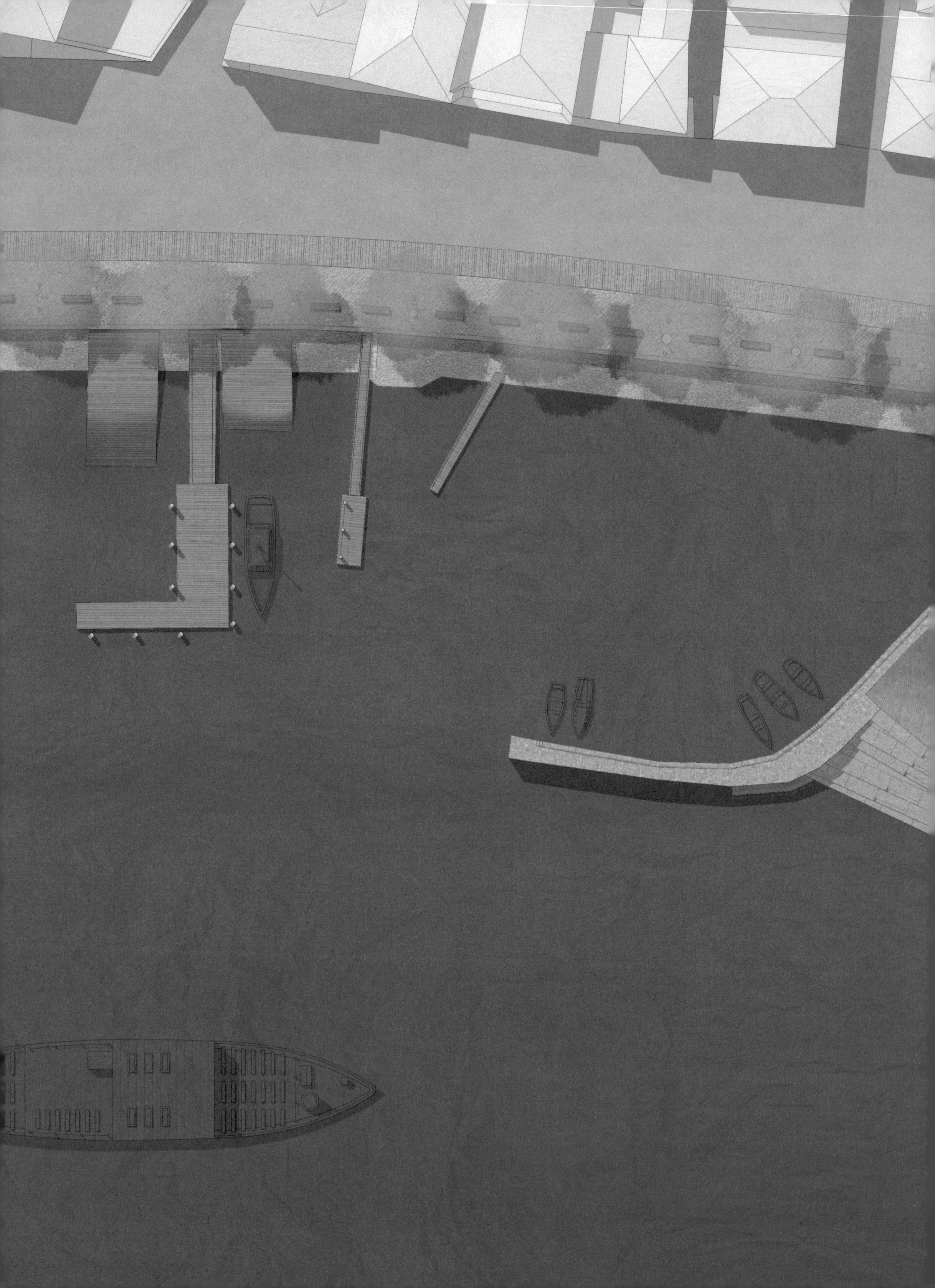

Wettbewerb für die ETH Zürich (Gebäude LEE), Zürich

Competition, ETH Zurich (LEE Building), Zurich

Wettbewerb: 2007
Auftraggeber: ETH Zürich

Competition: 2007
Client: ETH Zurich

Das Gebäude gliedert sich entlang der Leonhardstrasse in drei Teile. Der Kopfbau, der den Beginn des Gebäudes markiert und auf die Präsenz der Fusswegachse «Auf der Mauer-Leonhardsteig» hinweist, bildet den ersten Teil. Der zweite Teil besteht einerseits aus dem leicht zurückversetzten Eingangsbereich des IKZ und dem Arbeits- und Lehrbereich sowie andererseits der Graphischen Sammlung.

Der dritte und längste Gebäudeteil ergänzt die neue Strassenansicht der Leonhardstrasse. Hier befinden sich im Erdgeschoss ein Ausstellungsraum und in den oberen Geschossen die Büros der Graphischen Sammlung.

Das Bauvolumen des Entwurfs lehnt sich an die gegliederten Baukörper der umliegenden historischen Bauten wie das Bürgerasyl, das Pfundhaus und das angrenzende Gebäude in der Leonhardstrasse 27 an.

The building is divided into three sections along Leonhardstrasse: the first section is formed by a head construction, which marks the beginning of the building and refers to the presence of the axis of footpaths known as "Auf der Mauer" and "Leonhardsteig". The second slightly recessed section forms the entrance area for the IKZ and the work and training area, as well as for the Graphic Art Collection.

The third and longest section of the building completes the new street view of Leonhardstrasse. The exhibition space is located on the ground floor of this section, while the upper levels contain the office spaces of the Graphic Art Collection.

The construction's design is based on the segmented structural bodies that comprise the surrounding historical buildings, such as the Bürgerasyl (medieval hospital), the Pfrundhaus (almshouse) and the neighbouring building at Leonhardstrasse 27.

Wettbewerb Wohnsiedlung Caraa d Mézz, Lumino

Competition, Caraa d Mézz residential complex, Lumino

Es handelt sich um einen privaten Wettbewerb für ein kleines Wohnquartier an den Hängen von Lumino. Das Bauareal liegt in einer Gegend mit wenigen Einfamilienhäusern, wo auf dem terrassierten und mit Reben bepflanzten Gelände noch einige kleine Bauernhäuser stehen. Das Projekt schlägt ein System aus unabhängigen Volumina und eine massive, solide Bauweise vor, die an die einheimische Architektur erinnert. Das Quartier fügt sich in die Landschaft ein, indem es den Massstab der vorhandenen Bauten berücksichtigt und besonderes auf die Einfügung in das Grundstück und in die Landschaft achtet. Die Anordnung der Häuser formt die Aussenräume, die zur Geselligkeit und als Treffpunkte konzipiert sind.
Von unten betrachtet wirkt die Anlage wie eine gegliederte Siedlung, die vom Tal in die Berge hinaufsteigt.

This is a private competition for a small residential neighbourhood in the hills of Lumino. The area pertaining to the project has few single-family homes and there are still some old farm buildings on the terraced land, which is planted with vineyards. The design proposes a series of independent buildings and a compact, solid construction that makes reference to the vernacular architecture. The neighbourhood is set in the landscape, respecting the scale of the existing buildings and paying special attention to fitting it into the terrain and landscape. The arrangement of the homes determines the outdoor spaces, which offer places for meeting and socializing.
From below, the complex can be perceived as a central element developing up from the valley to the mountains.

Wettbewerb: 2014
Auftraggeber: Privatperson

Competition: 2014
Client: private

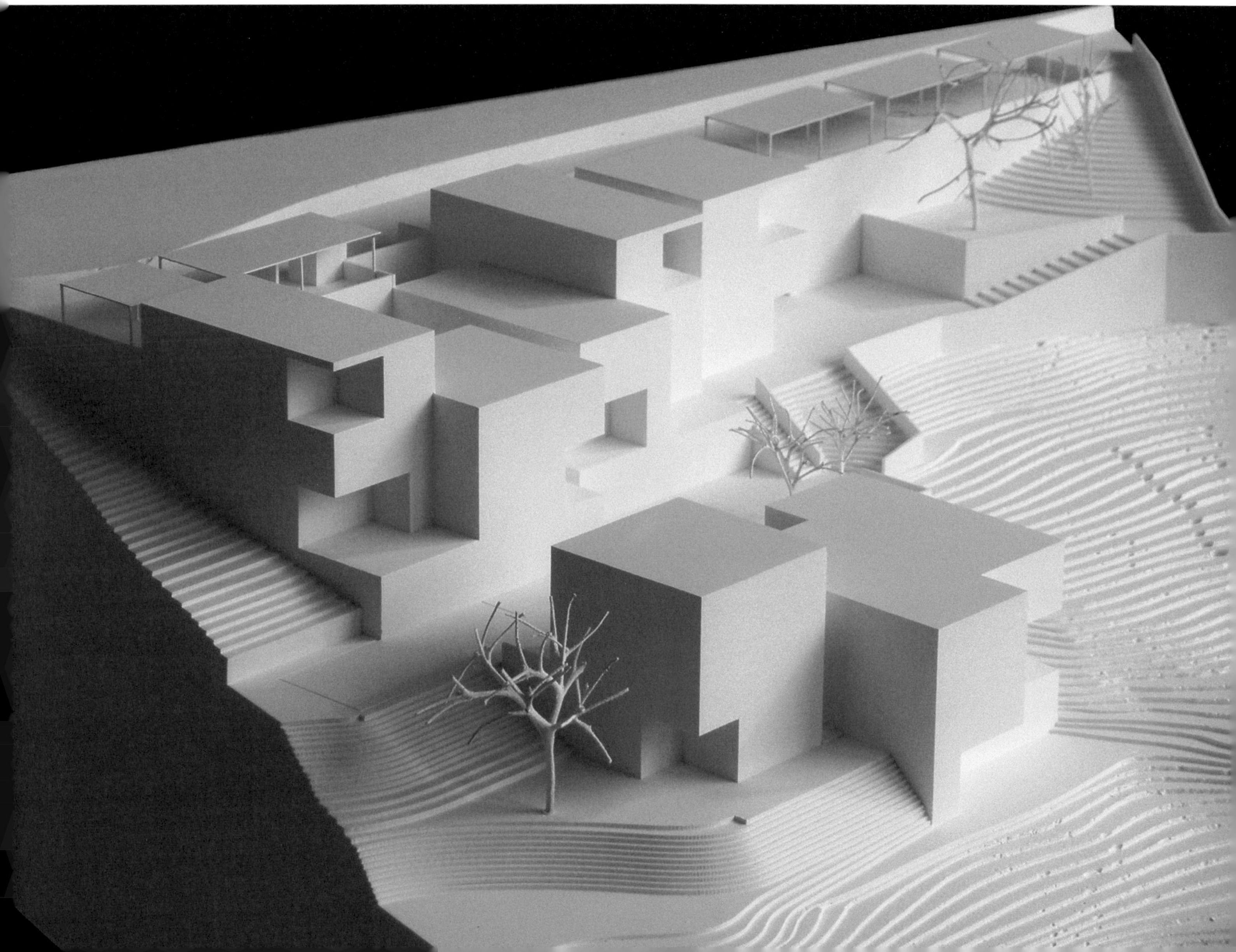

Fünf Häuser, Barbengo

Die fünf Häuser stehen an einem Hang, einem ehemaligen Rebberg, der noch die typischen Terrassierungen für die Weinstöcke aufweist. Sie sind in die Landschaft eingebettet, indem sie deren Struktur berücksichtigen, das Gelände nicht zerstückeln sowie die Innen- und Aussenräume gestalten. Die Mauer dient als vereinheitlichendes Element; sie bildet eine Linie, die die Häuser und die Aussenbereiche umfasst und die Gebäude zu einem einzigen organischen System verbindet. Die Häuser stehen auf verschiedenen Höhen des Grundstücks; sie richten sich nach der ursprünglichen Terrassierung und sind um einen leeren zentralen Gemeinschaftsraum angeordnet, wie es früher bei Gehöften üblich war. Die externen Räume, die nicht als Höfe oder Terrassen dienen, wurden wieder mit Reben bepflanzt und auf diese Weise der Landschaft zurückerstattet. Die gewählten Materialien erinnern an diejenigen der einheimischen Architektur. Anstelle von Stein wurde Beton verwendet, Türen und Fenster sind aus Holz, das Dach ist mit Ziegeln gedeckt. Jedes Haus ist anders, obschon es denselben Grundplan aufweist: Die Position des Eingangs und der Fenster ist unterschiedlich, während sich deren Form und Abmessungen bei jedem Haus identisch wiederholen. Jedes Fenster rahmt einen besonderen Ausschnitt der Landschaft ein und wirkt dadurch wie ein einmaliges Bild.

Five houses, Barbengo

The five houses are located on a sloping ground which once held a vineyard and still features the terracing typical of this culture. The design constructed the landscape with respect for its structure, without breaking up the land but rather creating a single system capable of generating the indoor and outdoor spaces. The unifying theme is the wall, a line that shapes the houses and the outdoor areas, connecting the buildings in a single, organic system. The houses are placed on the ground at different altitudes, following the movement of the original terracing and organizing themselves around a central open space for common use, as in the farm compounds of the past. The outdoor spaces which are not constructed as patios or terraces have been planted with new vineyards and in this way returned to the landscape. The materials chosen refer to those of vernacular architecture: concrete as well as stone, wooden door and window frames, tiled roofs. Although the houses have the same base plan, each of them is different because the positions of the entrance, the windows and the doors vary, even though their shapes and sizes are identical for each house. Each window is a single square that carves out a specific section of the landscape.

Projekt: 2007–2009
Ausführung: 2009–2011
Auftraggeber: Privatperson
Mitarbeiter: Barbara Corbella
Bauleitung: Direzione lavori, Lugano
Bauingenieur: Pini e Associati, Lugano
Bauphysik: IFEC Consulenze, Rivera
Landschaftsarchitekt: Sophie Ambroise, Officina del paesaggio, Lugano
Energiestandard: MINERGIE

Design: 2007–2009
Construction: 2009–2011
Client: private
Collaborators: Barbara Corbella
Director of works: Direzione lavori, Lugano
Civil engineer: Pini e Associati, Lugano
Building physics: IFEC Consulenze, Rivera
Landscape architect: Sophie Ambroise, Officina del paesaggio, Lugano
Low-energy standard: MINERGIE

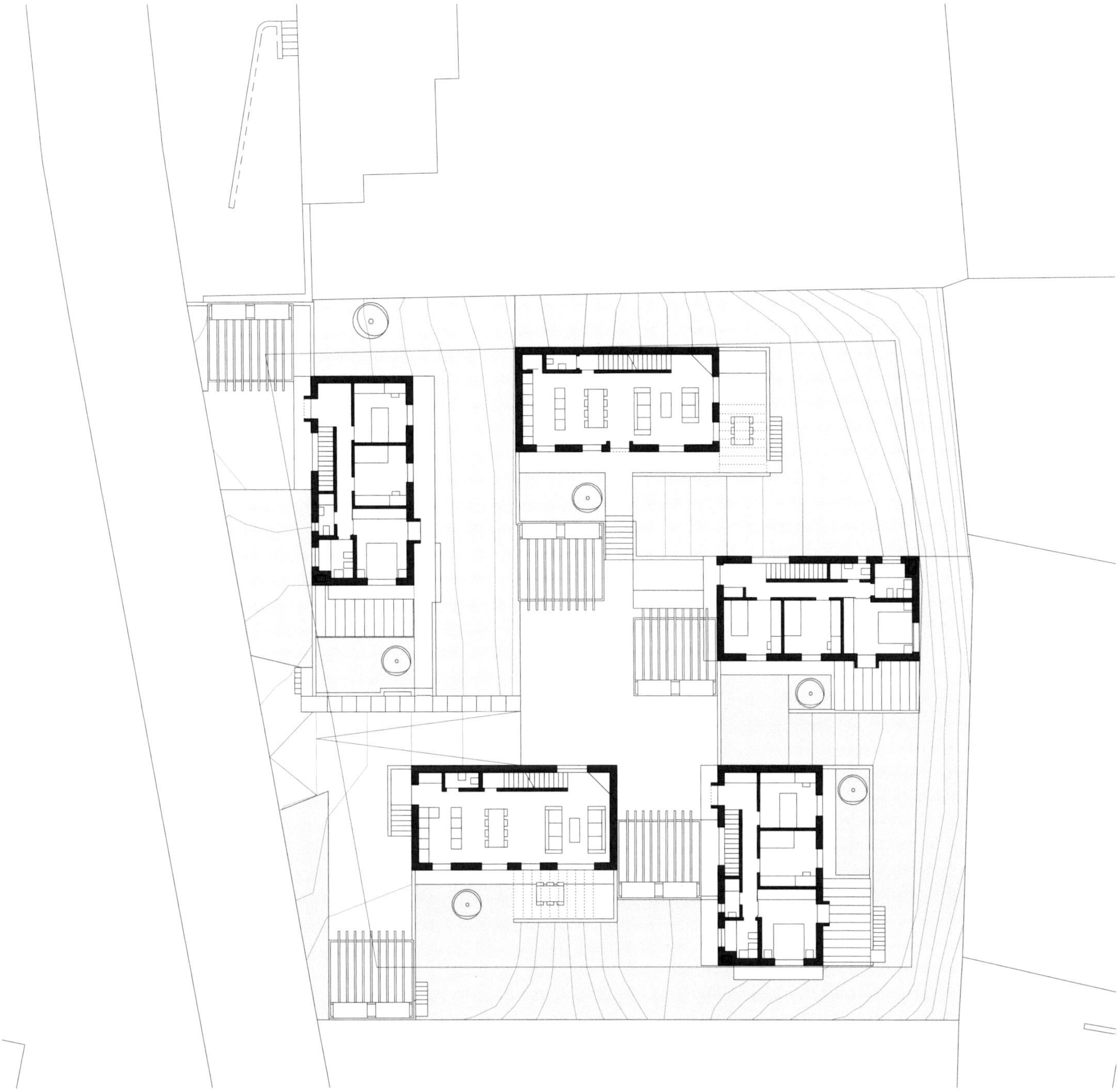

10 m

FON
DAZI
ONE
ATE
LIER
GENU
CCHI

Renovierung des Ateliers Genucchi, Castro

Das Atelier des Bildhauers Giovanni Genucchi befindet sich im Blenio-Tal mitten auf dem Land in Castro. In einem 1952 umgebauten Stall mit Steinmauern hatte der Künstler seitdem bis zu seinem Tod 1979 gearbeitet und eine gewaltige Sammlung an Werkzeugen, Modellen und Gipsfiguren hinterlassen. Ein grosses rostfarbenes Gerüst mit einer Hebevorrichtung vor dem Eingang hatte ihm dazu gedient, grosse Steine auf Wagen zu verladen und ins Atelier zu bringen. Ein kleiner Holzschuppen direkt neben dem Haus war der Lagerraum; heute befindet sich hier eine Informationsstelle für Besucher. Im Atelier drang das Licht nur aus einem grossen Dachfenster auf der nördlichen Dachschräge in den Raum ein, da der Künstler alle Fenster verschlossen hatte.
2017 wurde das Atelier in ein kleines Museum umgewandelt. Um die Ausstellung zu sehen, muss man über eine Wiese laufen und durch Gucklöcher in den Brettern, mit denen die Fenster vernagelt wurden, schauen. Der Innenraum wird nach wie vor über ein grosses Dachfenster auf der Nordseite belichtet.

Restoration of Atelier Genucchi, Castro

The studio of the sculptor Giovanni Genucchi is located in Castro, in the Blenio valley, set amidst the fields, and was converted from a stone stable in 1952. Since then, Giovanni Genucchi worked there until his death in 1979, accumulating an enormous amount of tools, models and plaster works. A large, rust-coloured hoist trestle in front of the entrance served to unload large stones onto carts and bring them into the studio. Next to the studio, a small wooden construction served as storage and is now used as an informational area for visitors. The only light in the studio entered from a large skylight on the north slope of the roof as the artist had boarded up all the windows.
Since 2017 the studio has become a small rural museum, an exhibition that can only be admired by walking in the meadow and looking in through the spy-holes made in the panels that close up the windows. The interior is still lit by a large north-facing skylight.

Projekt: 2012–2014
Ausführung: 2014–2015
Auftraggeber: Fondazione Atelier Genucchi
Grafik: Alberto Bianda, theredbox, Lugano

Design: 2012–2014
Construction: 2014–2015
Client: Fondazione Atelier Genucchi
Graphics: Alberto Bianda, theredbox, Lugano

Sitz der Credit Suisse, Lamone

Dieses Gebäude am Kreuzungspunkt zwischen zwei wichtigen Strassenachsen, die von Norden nach Süden und von Osten nach Westen durch das Vedeggio-Tal führen, wirkt wie ein Markstein. Es handelt sich um einen Betonmonolithen mit gleichmässigen Öffnungen, der sich in den oberen Etagen um sich selbst zu drehen scheint und sich neigt, um einen Bezug zu den Strassen herzustellen. Das Erdgeschoss richtet sich nach der rechtwinkligen Geometrie des Untergeschosses; es ist der einzige übrig gebliebene Teil des alten Gebäudes, das abgerissen wurde, um Platz für das neue zu schaffen.
Dieses Spiel zwischen zwei Geometrien markiert die Höhe des Sockels, indem es eine Verschiebung zwischen dem Umfang der oberen Etagen und dem Unterbau erzeugt. Dadurch kann man eine Ecke «aushöhlen», um den Haupteingang für die Öffentlichkeit zu gestalten. Ausser auf der tragenden Fassade lagert die Struktur auf einem starren inneren Kern, in dem sich die Treppen und die Wirtschaftsräume befinden. Die Büros sind wie ein durchgehendes Band um den Kern herum angeordnet und können als solche oder als Open Space organisiert werden.
Auf den Fensterbänken stehende Lampen beleuchten nachts einzelne der zur Strasse hin ausgerichteten Fenster; das Licht erhellt die Fensterlaibungen aus Beton und verleiht dadurch dem Gebäude eine betont statuarische Wirkung.

Credit Suisse offices, Lamone

This building is a boundary marker at the crossroads of two important roadways running through the Vedeggio valley from north to sound and east to west.
It is a concrete monolith with regular windows, which on the upper floors turns on itself and folds to connect with the roads. The ground floor continues the orthogonal geometry of the basement level, the only part that remains of the previous building, which was demolished to make room for the new one.
This play between two geometries emphasizes the altitude of the base, offsetting the perimeter of the upper floors from that of the base, which allows one corner to be opened up to shape the main, public entrance. In addition to the supporting façades, the structure rests on a rigid internal core housing the stairways and the utility spaces. The work spaces are organized as a continuous band around the core and can be managed as individual or open-space offices.
The arrangement of the spaces ensures that the various areas follow one another properly in the public section on the ground floor and provides maximum flexibility in the upper floor offices.
At night, the windows overlooking the street are individually lit by lamps on the windowsills, illuminating the concrete reveal of the windows, bringing it into relief and giving the building a sculptural appearance.

Wettbewerb: 2011, 1. Preis
Projekt: 2014–2015
Ausführung: 2015–2017
Auftraggeber: Terzerina SA, Lugano
Mitarbeiter: Monica Tamagni
Bauleitung: Direzione lavori, Lugano
Bauingenieur: Ruprecht Ingegneria, Lugano
HLKS-Technik: IFEC Consulenze, Rivera
Elektrotechnik und Bauphysik: Erisel, Bellinzona
Brandschutz: Erisel, Bellinzona
Kunst am Bau: Paolo Foletti, Lugaggia
Energiestandard: MINERGIE

Competition: 2011, 1st prize
Design: 2014–2015
Construction: 2015–2017
Client: Terzerina SA, Lugano
Collaborators: Monica Tamagni
Director of works: Direzione lavori, Lugano
Civil engineer: Ruprecht Ingengeria, Lugano
HVAC specialist: IFEC Consulenze, Rivera
Building physics: Erisel, Bellinzona
Fire prevention: Erisel, Bellinzona
"Art in architecture": Paolo Foletti, Lugaggia
Low-energy standard: MINERGIE

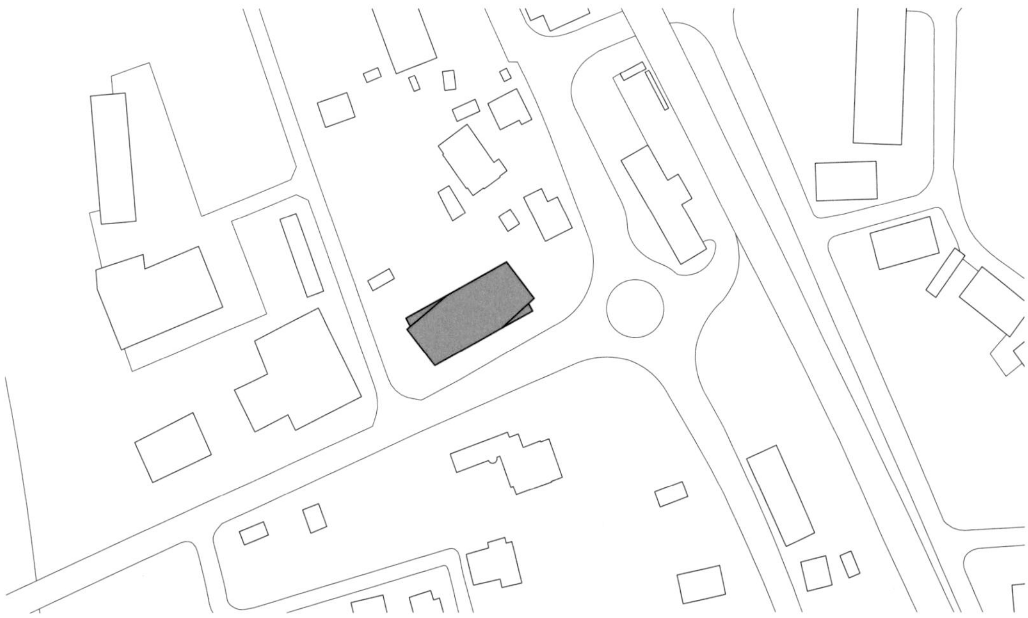

CREDIT SUISSE
SCANIA

CREDIT SUISSE

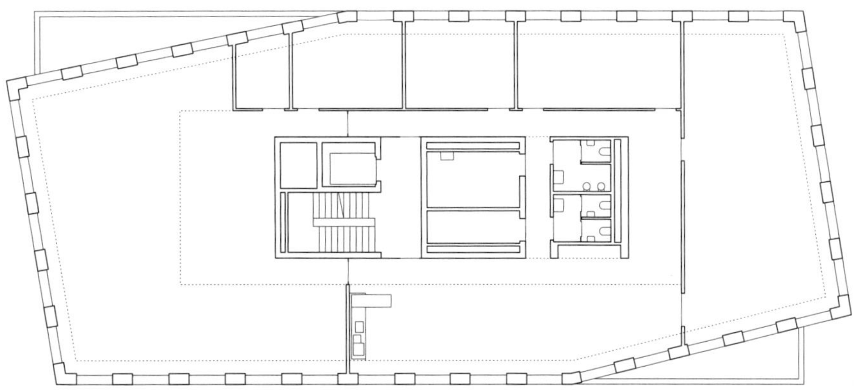

10 m

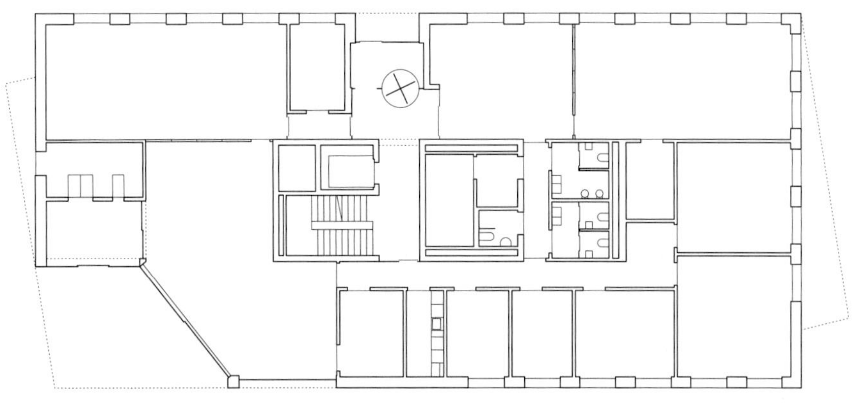

QUAL
COSA
FORA
E — ANCHE
SENZA
PAROLE
PARLA
VIA AL CHIOSO
10

Verwaltungsgebäude in der Via al Chioso 8/10, Lugano

Administrative building, Via al Chioso 8/10, Lugano

Für dieses Projekt besteht ein Bezug zu dem Mailänder Gebäude von Asnago/Vender aus den 1960er-Jahren, also eine Architektur, die weder minimalistisch noch expressionistisch anmutet, sondern eine einfache direkte Lösung darstellt. Das neue Verwaltungsgebäude sollte seinem Stadtteil zwar einen städtischen Charakter verleihen, allerdings ohne monumental zu wirken. Damit es nicht an eine riesige Fabrik erinnert, erhielt es grosse Fenster für die Büros im Inneren. Der Sockel aus schwarz pigmentiertem Beton verbindet das Gebäude mit dem Boden und gliedert die Fassade. Das neue Gebäude gestaltet die Fassade zur Straße hin und grenzt an das von Mario Botta in den 1980er-Jahren entworfene Nachbargebäude, wobei der Bereich auf der Vorderseite, wo die Gebäude «aneinanderstossen», offen gelassen wurde. So entsteht ein tiefer Raum zwischen Gebäude und Strasse, der die Wahrnehmung des neuen Volumens regelt und die Ecke des Botta-Gebäudes dahinter auftauchen lässt. Die Grünflächen an der Strasse sind mit Farnen bepflanzt, einer aus dem Wald stammenden Wildpflanze, was einen Kontrast zur strengen Ordnung der Fassade ergibt. Ein doppeltes Gangsystem verläuft teils in der Mitte des Inneren, teils an der Fassade entlang und gliedert die Innenräume. Die Verschiebung zwischen den beiden Gebäudeblöcken sorgt im Inneren für grosse Flexibilität und lässt natürliches Licht in die Korridore einfallen.

For this project we particularly drew on the architecture of 1960s buildings in Milan by Asnago and Vender, on an architecture that was neither minimalist nor expressionist and which responded in a simple, direct way to the problems we had taken on. We imagined an administrative building that could give this piece of the city an urban character, but instead of being monumental, was reminiscent of a large factory, with large windows for the work spaces inside. The black-tinted concrete base connects the building to the ground and describes the façade, giving the entrance a prestigious appearance. The new building shapes the street front, as it makes a connection with the nearby building designed by Mario Botta in the 1980s, creating an open space in the area where they link. Thus, a deep space is created between the building and the street, which adjusts the perception of the new building and allows the corner of the Mario Botta building to emerge. The green areas along the street are planted with ferns, a wild forest plant that contrasts with the rigorous order of the façade. The indoor spaces are organized along a system of two paths, one central and one along the façade; taking advantage of the drop between the two blocks of the building, this system enables maximum flexibility and provides light to the circulation spaces.

Projekt: 2000–2002
Ausführung Phase 1: 2003–2005
Ausführung Phase 2: 2007–2010
Auftraggeber: Caimato SA, Lugano
Bauleitung: Direzione lavori, Lugano
Bauingenieur: Pini & Asscoiati, Lugano
HLKS-Technik: Visani Rusconi Talleri, Taverne
Elektrotechnik: Elettroconsulenze Solcà SA, Mendrisio
Landschaftsarchitekt: Sophie Ambroise, Officina del paesaggio, Lugano
Grafik: theredbox, Lugano
Kunst am Bau: Davide Monopoli

Design: 2000–2002
Construction stage 1: 2003–2005
Construction stage 2: 2007–2010
Client: Caimato SA, Lugano
Director of works: Direzione lavori, Lugano
Civil engineer: Pini & Asscoiati, Lugano
HVAC specialist: Visani Rusconi Talleri, Taverne
Electrical specialist: Elettroconsulenze Solcà SA, Mendrisio
Landscape architect: Sophie Ambroise, Officina del paesaggio, Lugano
Graphics: theredbox, Lugano
"Art in architecture": Davide Monopoli

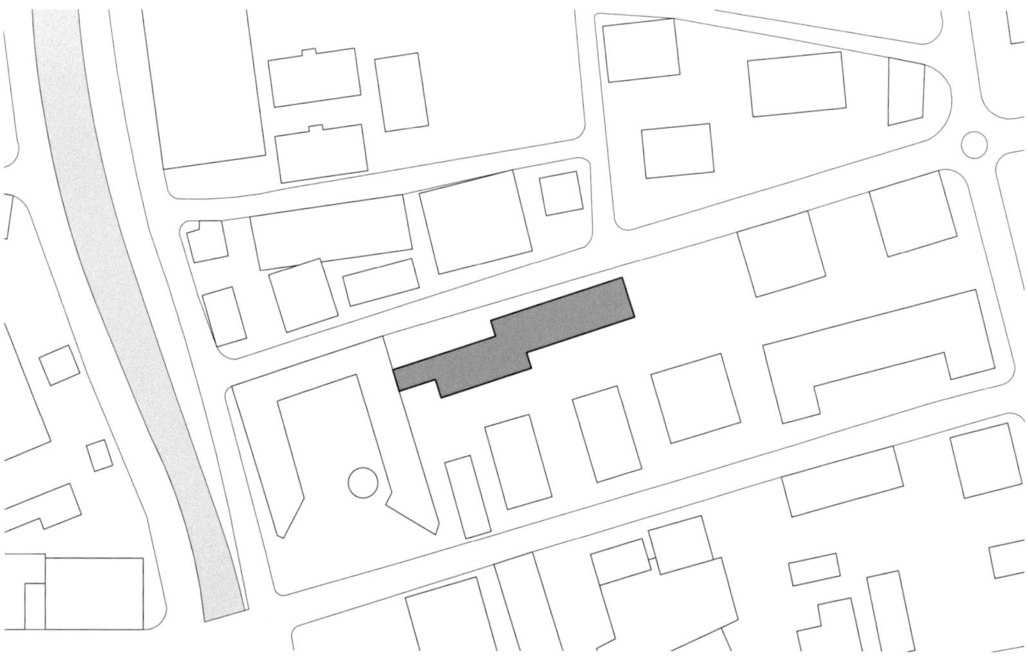

10 m

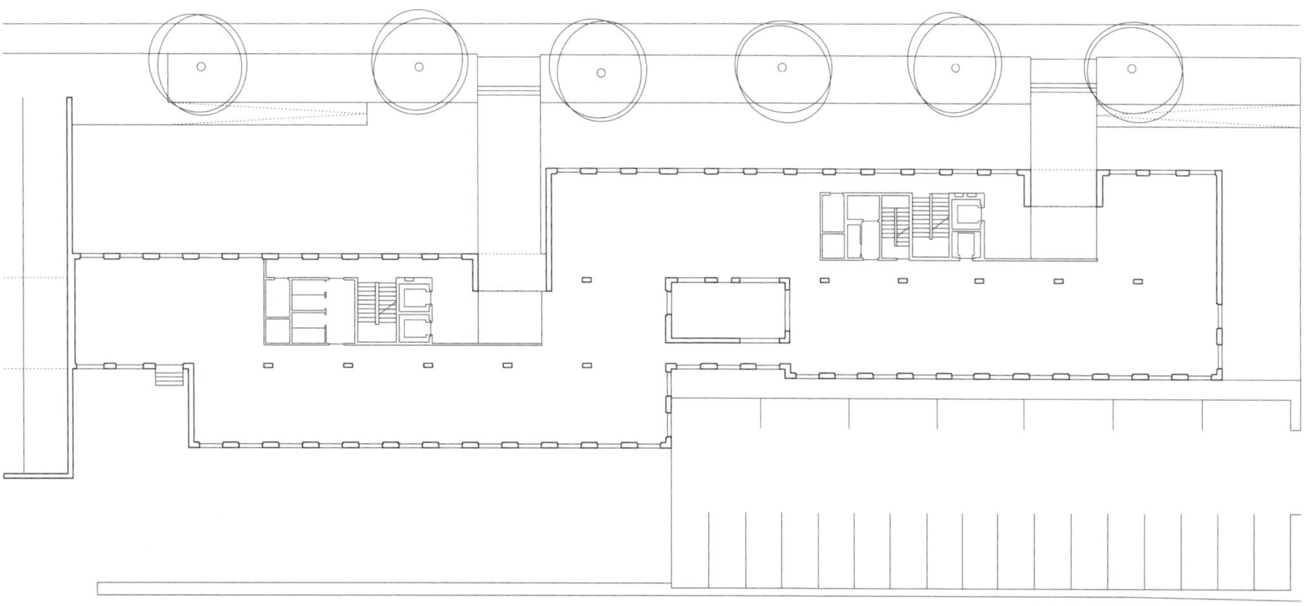

Wettbewerb: 2018, 5. Preis
Auftraggeber: Gemeinde Caslano
Bauingenieur: CSD Ingegneri, Lugano
HLKS-Technik: IFEC, Rivera
Elektrotechnik und Bauphysik: Erisel, Bellinzona
Landschaftsarchitekten: Teresa Rosas da Silva Figueiredo Marques und Jacopo Pellegrini, Mailand

Competition: 2018, 5th prize
Client: Town of Caslano
Civil engineer: CSD Ingegneri, Lugano
HVAC specialist: IFEC, Rivera
Building physics: Erisel, Bellinzona
Landscape architects: Teresa Rosas da Silva Figueiredo Marques and Jacopo Pellegrini, Milan

Wettbewerb Sitz der interkommunalen Polizei desMalcantone West, Caslano

Das für den neuen Sitz der interkommunalen Polizei des Malcantone West geplante Gebäude befindet sich auf einem dreieckigen Grundstück, das von der Kantonsstrasse und dem Bahnhof eingeschlossen ist. Es wirkt wie ein Fixpunkt, der die umgebende Verkehrssituation gliedert und darauf reagiert. Die Geometrie des Gebäudes ist so beschaffen, dass es von verschiedenen Seiten unterschiedlich wahrgenommen wird. Entlang der Strasse vervollständigt das Gebäude die bestehende Strassenfront und bringt seinen Charakter als öffentliches Gebäude zum Ausdruck.

Competition, intermunicipal police station, West Malcantone, Caslano

The building designed in Caslano for the new Malcontone intermunicipal police station, contained on a triangular strip of land between the cantonal road and the railway station, is a fixed point that organizes and reacts to the traffic situation outside. The geometry of the building allows different perceptions of the various sides and completes the existing street front, making its nature as a public building quite visible.

Wettbewerb kantonale Alarmzentrale CECAL, Bellinzona

Competition, CECAL (emergency alert centre), Bellinzona

Der neue Campus der Kantonspolizei liegt zentral im Talboden, nicht weit entfernt vom Fluss Tessin entfernt, und dort in einer Landwirtschaftszone am Rand des Auenwalds, einem empfindlichen, schützenswerten Gebiet. Die Gebäude des Campus richten sich nach dem Flusslauf und betten sich in zwei langen Blöcken ins Tal ein. So bleibt in der Mitte ein grosser Raum frei, der nach Norden und Süden vollkommen offen steht. Über dieses grosse offene Feld dringt die Umgebung in den Campus ein und durchquert ihn: Die Präsenz des Tals und der Berge am Horizont werden sozusagen in die Anlage hineingebracht.
Die für die neue kantonale Alarmzentrale gewählte Gestaltung ist schlicht, elegant und erinnert an die klassischen Vorbilder der modernen Architektur für Verwaltungsgebäude.

The new cantonal police complex is located in a central position of the valley floor not far from the River Ticino, in a band of farmlands that follows the line of the floodplain forest, a fragile territory in need of preservation. The buildings in the complex continue in the direction of the river and line the valley in two strips, leaving a large, central space free that is completely open to the north and south. In this broad open area the land penetrates the complex and runs through it, bringing with it the presence of the valley and the mountains on the horizon.
The architecture chosen for the new emergency alert centre is simple, elegant and reminiscent of classical examples of modern architecture for administrative buildings.

Wettbewerb: 2013, 3. Preis
Auftraggeber: Dipartimento delle finanze e dell'economia DFE (Finanz- und Wirtschaftsdepartement)
Bauingenieur: Pini Swiss Engineers, Lugano
HLKS-Technik: Rigozzi Engineering, Giubiasco
Elektrotechnik und Bauphysik: Erisel, Bellinzona
Elektrotechnik: Erisel, Bellinzona
Brandschutz: Erisel, Bellinzona

Competition: 2013, 3rd prize
Client: Department of Finance and the Economy (DFE)
Civil engineer: Pini Swiss Engineers, Lugano
HVAC specialist: Rigozzi Engineering, Giubiasco
Building physics: Erisel, Bellinzona
Electrical specialist: Erisel, Bellinzona
Fire prevention: Erisel, Bellinzona

Wohnhaus in der Via Vicari 29, Lugano

Für dieses Projekt besteht ein Bezug zu den Experimenten von Mario Chiattone am Anfang des 20. Jahrhunderts. Von diesem Architekten sind im Quartier noch mehrere Bauten erhalten. Das Wohnhaus ist ein etwas aus der Zeit gefallenes Gebäude, bei dem zeitgenössische und historische Elemente und solche aus der ersten Moderne miteinander harmonieren. Die Lage des Grundstücks an einer Strassenkreuzung verleiht ihm eine besondere Bedeutung bei der Interpretation des städtischen Gefüges. Die Form der Parzelle erlaubt es, ein schmales, langes Haus zu bauen, das an der Via Vicari wie eine Strassenfront wirkt und auf der Via Maggio wie ein Turm. Das Erdgeschoss, das aussen mit wassergrünen Keramikplatten verkleidet ist, hat einen kleineren Grundriss als die oberen Geschosse, die nach Süden hervorstehen, um eine dynamische Wirkung der Formen zu verstärken. An der Fassade kommen zwei verschiedene Arten von Öffnungen vor: rechteckige Fenster für die Wohnungen und aus einem oder mehreren Kreisen geformte Öffnungen für die Korridore und den Treppenschacht. Im Inneren sind die Korridore auf ein Minimum reduziert, damit der meiste Platz den Wohnungen vorbehalten bleibt. Wohn- und Essbereich sind so angeordnet, dass man die Morgensonne im Osten und die Abendsonne im Westen geniessen kann.

Residential building in Via Vicari 29, Lugano

For this project we referred to the early 20th-century experiments by the architect Mario Chiattone, several of whose buildings can still be found in the neighbourhood. In the building, which seems to belong to another time, contemporary, historical and early modern elements coexist in harmony. The position of the land, located at the intersection of two roads, accentuates the importance of this building to how the urban fabric reads. The shape of the parcel enabled the construction of a long, narrow building, which is perceived as a façade along Via Vicari and as a tower on Via Maggio. The ground floor, the exterior of which is covered in aqua green porcelain tiles, has a smaller plan than the upper floors, which project towards the south to increase the dynamic effect of the forms. On the façade we have used two kinds of windows: rectangular apertures for the living areas and holes formed by one or more circles for the circulation or utility spaces. Inside, the circulation spaces are reduced to a minimum to dedicate the greatest possible surface area to the living spaces. In the large flats, the combined living and dining area has windows facing two directions to enjoy the morning sun in the east and the evening sun in the west.

Projekt: 2012–2013
Ausführung: 2013–2015
Auftraggeber: Saunion SA, Lugano
Mitarbeiter: Monica Tamagni
Bauleitung: Direzione lavori, Lugano
Bauingenieur: Pini Swiss Engineers, Lugano
HLKS-Technik: Visani Rusconi Talleri, Taverne
Elektrotechnik und Bauphysik: Think Exergy, Mendrisio
Elektrotechnik: Elettroconsulenze Solcà SA, Mendrisio
Brandschutz: Tami-Cometa & Associati, Lugano
Energiestandard: CECE B

Design: 2012–2013
Construction: 2013–2015
Client: Saunion SA, Lugano
Collaborators: Monica Tamagni
Director of works: Direzione lavori, Lugano
Civil engineer: Pini Swiss Engineers, Lugano
HVAC specialist: Visani Rusconi Talleri, Taverne
Building physics: Think Exergy, Mendrisio
Electrical specialist: Elettroconsulenze Solcà SA, Mendrisio
Fire prevention: Tami-Cometa & Associati, Lugano
Low-energy standard: CECE B

ZONA
P
FELDSCHLÖSSCHEN
BAR CAROSELLO

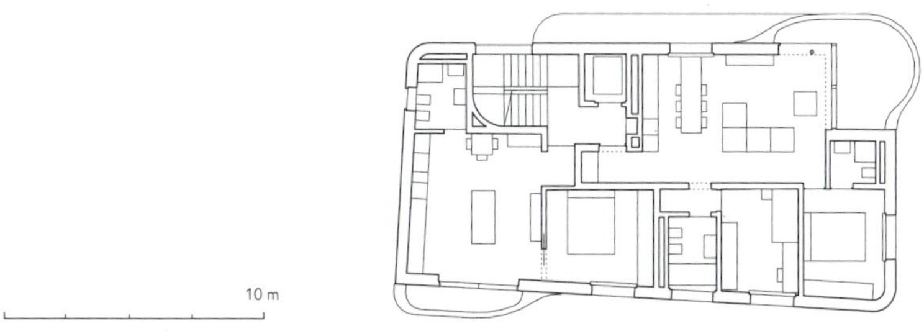
10 m

POLIZIA CANTONALE
GRIGIONI

Renovierung und Erweiterung des Verkehrspolizeizentrale in San Bernardino, Misox

Die Zentrale der Verkehrspolizei in San Bernardino befindet sich neben der Autobahn am Südportal des Tunnels. Es war ein Gebäude aus den 1970er-Jahren, dessen horizontale Ausdehnung und gegliederte Form dazu diente, ihm eine zeitgemässe Wirkung zu geben – die eines organischen Baus, der Ausrichtung und Höhe in einem dynamischen System ändert.

Die Verkleidung aus horizontal verlegten, graugrün gefärbten Lärchenholzleisten betont die lineare Charakteristik des Gebäudes. Die Wahl der Holzart entspringt dem Wunsch, ein einheimisches Material zu verwenden und dem Gebäude ein geschmeidigeres Aussehen zu verleihen, um es mit den Bauten für touristische und sportliche Zwecke in Einklang zu bringen. Ein Turm, ebenfalls aus Holz, auf dem Dach in Höhe des Eingangsbereichs dient als Signal zur Sichtbarmachung der Verkehrspolizeizentrale. Die Struktur der Innenräume des bestehenden Gebäudes blieb unverändert, nur stellenweise erfolgten Ergänzungen und Korrekturen, um die Qualität der Räume zu verbessern und funktionelle Probleme zu lösen. Der Entwurf verfolgt eine Massnahmenstrategie, die das Gebäude nicht entstellen will, sondern auf seine Besonderheit hinweisen möchte, indem man sich überlegt, was vom Bestehenden im Projekt wiederverwendet werden kann.

Restoration and expansion of the road police station in San Bernardino, Mesocco

The San Bernardino road police station is located next to the motorway, at the southern entrance to the tunnel. The building is of little architectural interest and dates back to the 1970s; we made use of its horizontal design and structured form to reinterpret it and give it a new image, that of an organic building that changes its alignment and height in a dynamic system.

The cladding in broad larch wood planks, which are tinted grey-green and set horizontally, accentuates the building's linear features. The choice of the wood is connected to our wish to use a local material and give the building a softer image, linking it to buildings for tourism and sports. A tower, also made of wood, placed on the roof by the entry area and by the vertical walkway creates a marker that gives the road police station high visibility. We restored the interior in line with the structure of the existing building, making additions and precise corrections to improve the quality of the spaces and solve functional problems. Our intervention strategy aimed not to radically alter the building, but to capture its peculiarity by imagining what of the existing structure could be reused or recycled in the design.

Wettbewerb: 2017, 1. Preis
Projekt: 2018–2019
Ausführung: 2020–2021
Auftraggeber: Hochbauamt Graubünden
Mitarbeiter: Fabrizio Bombelli
Bauleitung: Direzione lavori, Lugano
Bauingenieur: FHP Bauingenieure, Thusis
HLKS-Technik: Kalberer und Partner, Bad Ragaz
Bauphysik: CSD Ingenieure,Thusis
Elektrotechnik: Mullis + Cavegn, Chur

Competition: 2017, 1st prize
Design: 2018–2019
Construction: 2020–2021
Client: Grisons Civil Engineering Office
Collaborators: Fabrizio Bombelli
Director of works: Direzione lavori, Lugano
Civil engineer: FHP Bauingenieure, Thusis
HVAC specialist: Kalberer und Partner, Bad Ragaz
Building physics: CSD Ingenieure, Thusis
Electrical specialist: Mullis + Cavegn, Chur

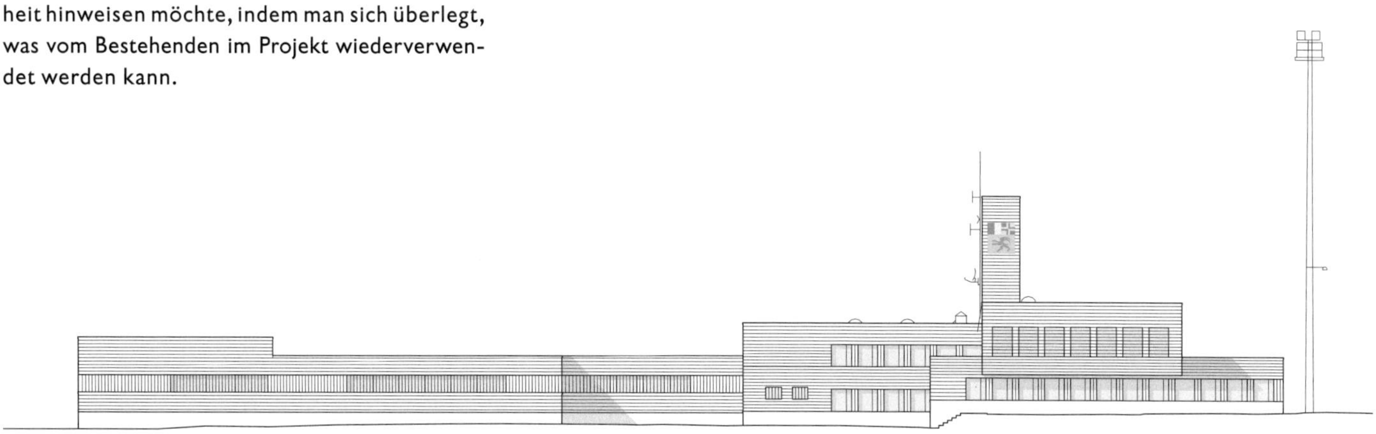

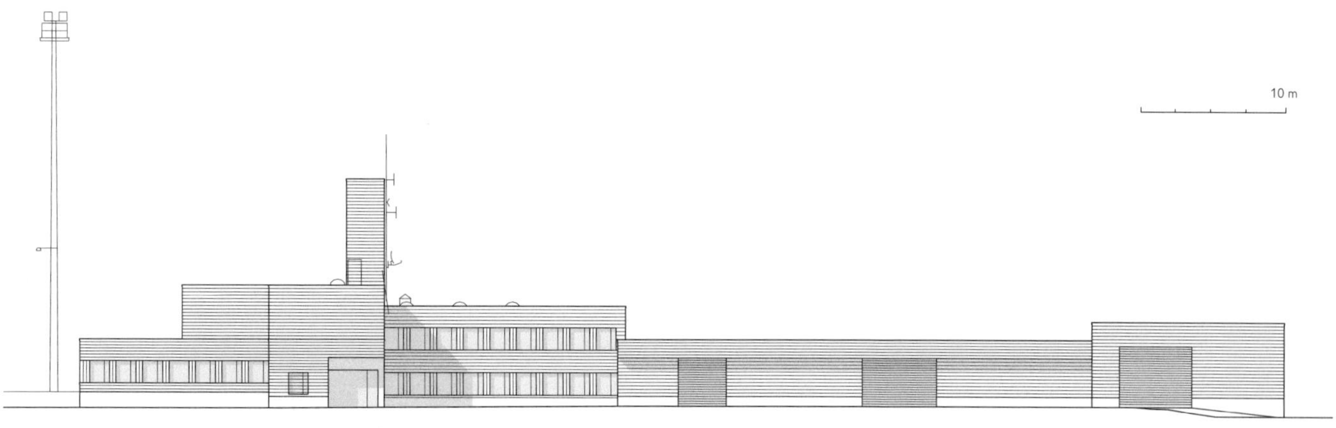

Wettbewerb Sanierung und Erweiterung der Kantonsschule, Bellinzona
mit Francesco Buzzi, Locarno

Die Kantonsschule in Bellinzona ist ein Gebäude aus den 1960er-Jahren, das erweitert und saniert werden muss.
Das Projekt sieht sowohl erhaltende als auch einschneidende Baumassnahmen vor. Die Typologie des bestehenden Gebäudes bleibt erhalten. Die Erweiterung setzt es logisch und kohärent fort in der Absicht, die alte Struktur zu verstärken und ihren linearen Verlauf am Fluss entlang zu betonen.
Der Eingang zum Schulgebäude wurde auf die zur Stadt ausgerichtete Seite verlegt. Sie erhält eine lange Passerelle, welche die Fassade neu gestaltet und den Zugang und das Verbindungssystem zu den Korridoren im Inneren neu gliedert.
Diese Lösung gestattet es, die Innenhöfe auf die grosse Wiese vor dem Gebäude auszurichten. Die Passerelle dient zudem als vermittelndes Element zwischen den Bauvolumina und der Wiese; sie ist ein auf die Stadt ausgerichteter Aussichtspunkt und gleichzeitig eine Scheidewand, die dem Aussenbereichen vor der Schule zu einem angemessenen Massstab verhilft.

Competition, restoration and expansion of the Cantonal Secondary School, Bellinzona
with Francesco Buzzi, Locarno

The Bellinzona Secondary School is a 1960s building that now needs to be expanded and renovated. The design proposes an intervention that is conservative and at the same time radical. The typology of the existing building has been maintained and the expansion develops from it in a logical, consistent way, clarifying its structure and accentuating its linearity along the river.
The entrance to the school building has been moved to the main façade facing the city with a new distribution pathway on the ground floor and a connecting walkway on the first floor.
This solution enables the indoor spaces to be interpreted in a new way, opening them towards the large field outside. The walkway also acts as an element of mediation between the buildings and the empty space of the large field, a panoramic outlook towards the city and a division that gives an appropriate scale to the semi-courtyard outdoor spaces in front of the school.

Wettbewerb: 2018, 4. Preis
Auftraggeber: Kanton Tessin
Bauingenieur: Monotti ingengeri consulenti, Locarno
HLKS-Technik: Tecnoprogetti, Camorino
Elektroingenieur: Tecnoprogetti, Camorino
Bauphysik: Erisel, Bellinzona
Brandschutz: Erisel, Bellinzona
Landschaftsarchitekt: Teresa Rosas da Silva Figueiredo Marques, Mailand

Competition: 2018, 4th prize
Client: Canton of Ticino
Civil engineer: Monotti ingengeri consulenti, Locarno
HVAC specialist: Tecnoprogetti, Camorino
Electrical engineering: Tecnoprogetti, Camorino
Building physics: Erisel, Bellinzona
Fire prevention: Erisel, Bellinzona
Landscape architect: Teresa Rosas da Silva Figueiredo Marques, Milan

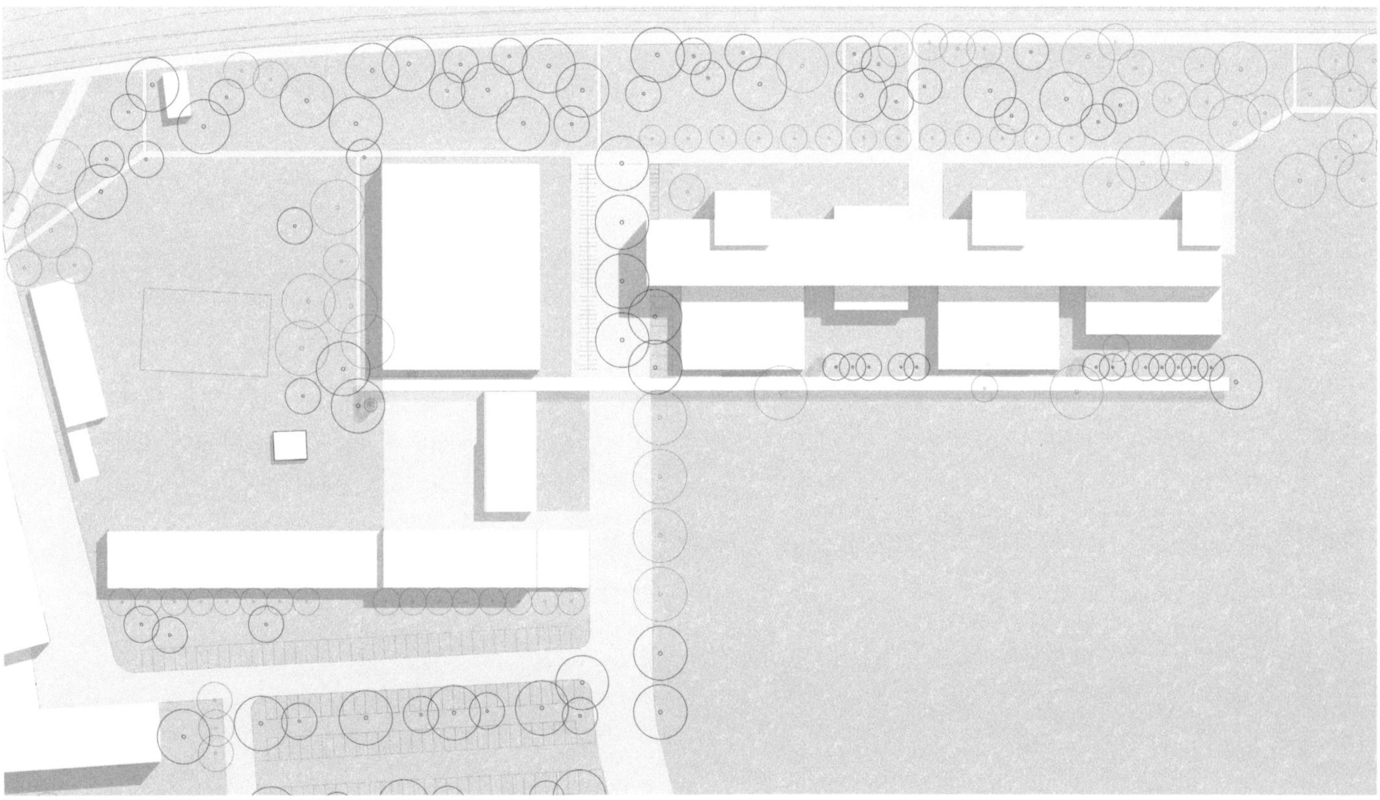

Weinkellerei Bianchi, Arogno

Der Osthang des Mara-Tals am Fuss des Monte Generoso wirkt aufgrund von alten Siedlungen mit wenigen Wohnhäusern, der Bauernhäuser, Weiden und Waldstücke noch vorwiegend ländlich.
In dieser Landschaft liegt die Weinkellerei der Azienda Agricola Bianchi. Es handelt sich um einen in einfacher, rechtwinklig zu den geschwungenen Linien des Geländes stehenden Bau aus Eisenbeton, der sich als technische und landwirtschaftlich genutzte Struktur in die Topografie einbettet. Die Fassaden aus Beton stehen im Dialog zur umgebenden Natur und sind teilweise mit Efeu überwachsen. Die Öffnungen passen sich den Erfordernissen der Innenräume an und schneiden grosse Landschaftsbilder aus. Das grösstenteils unterirdisch angelegte Gebäude ist auf drei Ebenen organisiert und ermöglicht es, den Wein mit blosser Schwerkraft intern zu transportieren. Im Obergeschoss befindet sich der Haupteingang mit der Annahme der Trauben und dem Lager, im Zwischenstock der Tank- und Degustationsraum und im Untergeschoss der Fasskeller. Die Wirkung des Betons charakterisiert auch die inneren Arbeitsräume.

Bianchi winery, Arogno

The east side of of the Val Mara valley, at the foot of Monte Generoso, is still primarily farmland: old hamlets with few houses, farms, pastures and patches of woods.
This is the landscape where the Azienda Agricola Bianchi winery is found. A simple building in reinforced concrete set perpendicular to the curves of the land, it declares its identity as a technical and farming structure and enters into the topography in a precise, forceful way. The concrete façades create a dialogue with nature and with time will be partially covered in ivy. The windows have been adapted to the requirements of the indoor spaces and carve out large views of the landscape. The building, much of which is underground, is organized into three levels and enables the wine to be processed by means of gravity. The main entrance is on the upper level, including the area for receiving grapes and the storehouse; the vat room and tasting room are on the middle level, while the barrel cellar is on the basement level. The concrete look also characterizes the workspaces inside.

Projekt: 2016
Ausführung: 2017–2018
Auftraggeber: Azienda agricola Bianchi, Arogno
Mitarbeiter: Fabrizio Bombelli
Bauingenieur: Ruprecht Ingegneria, Lugano
Bauphysik: Erisel, Bellinzona
Brandschutz: Elettroconsulenze, Mendrisio

Design: 2016
Construction: 2017–2018
Client: Azienda agricola Bianchi, Arogno
Collaborators: Fabrizio Bombelli
Civil engineer: Ruprecht Ingegneria, Lugano
Building physics: Erisel, Bellinzona
Fire prevention: Elettroconsulenze, Mendrisio

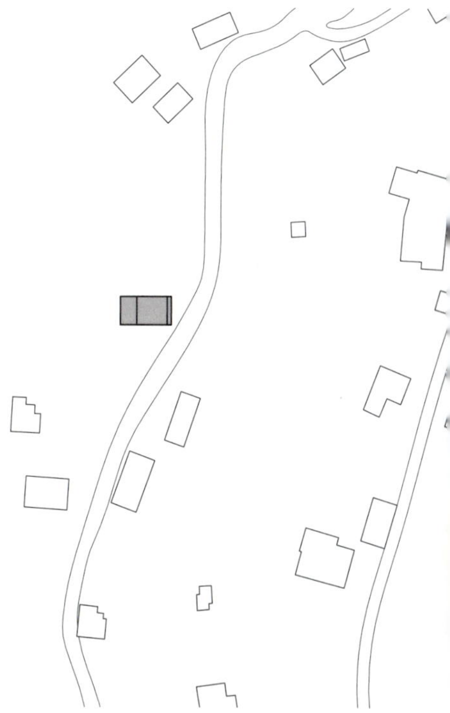

ALBRIGI
ALBRIGI
ALBRIGI

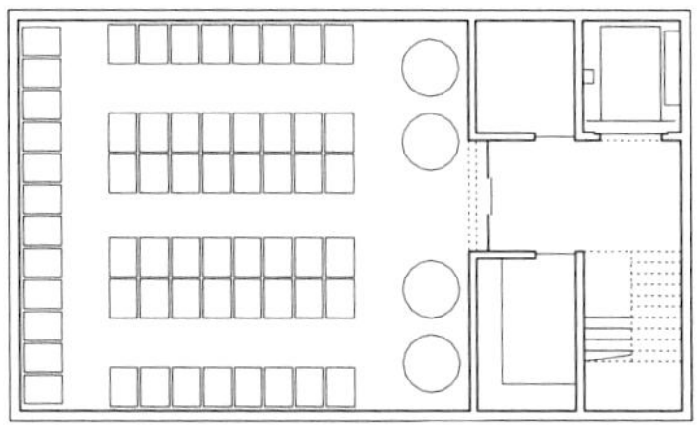

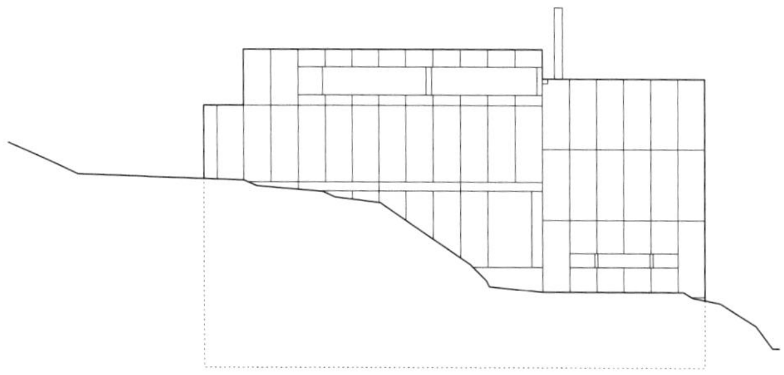

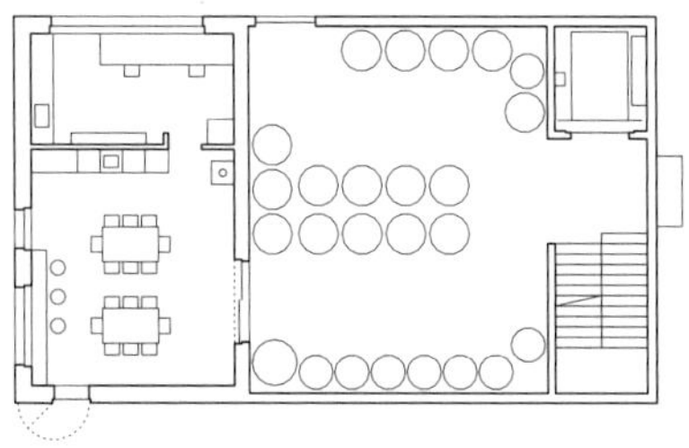

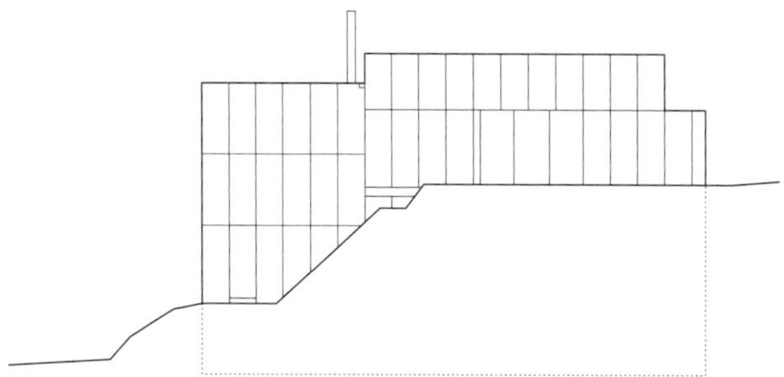

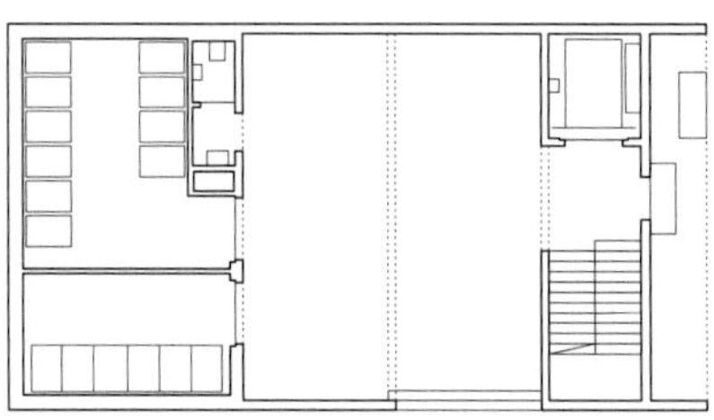

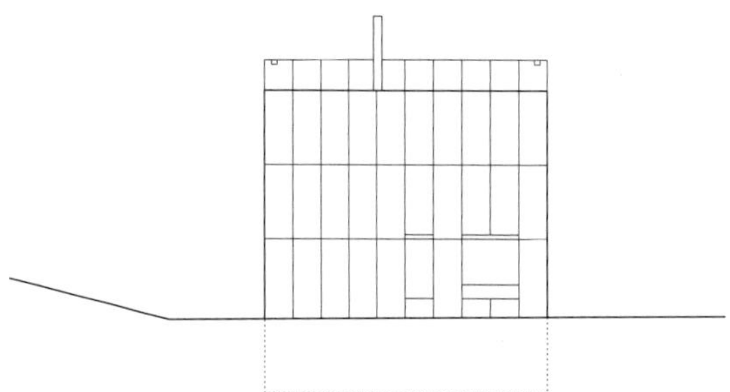

10 m

Wettbewerb Gebäude der Stadtverwaltung, DSU Lugano

Competition, DSU (Division of Urban Spaces) offices, Lugano

An einem widersprüchlichen Ort soll ein relativ grosses Logistikzentrum für die Stadt Lugano entstehen. Auf der einen Seite ist das kleine Tal von Gewerbehallen, einer Kiesgrube, die den Hügel aushöhlt, und einem Gefängnis besetzt. Auf der anderen Seite handelt es sich um ein naturbelassenes Gelände, stellenweise um eine echte Wildnis mit Flussbett, umgeben von Wäldern und mit den Bergen des Colla-Tals im Hintergrund. Für diesen Ort ist ein einziges grosses Gebäude vorgesehen, das die Bebauung neu ordnet und auf die natürliche Kraft des Orts antwortet.

Unter einem weitläufigen Dach wie dem einer Markthalle sind Räume für alle Dienstleistungsfunktionen untergebracht: Lager, Ateliers, Parkplätze und Werkstätten.

Eine modulare Austauschplattform unter dem Dach bietet die Basis für geschlossene und beheizbare Räume, die wie Schachteln versetzt sind.

Das Dach wirkt wie eine Landschaft aus schräg stehenden Oberflächen, die Licht ins Innere leiten.

The project involved designing a large logistics centre for the City of Lugano in a contradictory place. On one side, the valley is occupied by industrial warehouses, a gravel quarry that eats away at the hill and the prison; on the other there is a natural, sometimes wild place where the river flows, surrounded by woods, with the Val Colla mountains in the background. In this place we have proposed a large building that gives new order to the construction and responds to the natural power of the location.

The structure features a roof as large as that of a market; beneath it are all the utility spaces: storehouses, studios, parking spaces, workshops.

In this modular interchange platform, the closed, heated spaces are inserted like boxes under the roof.

The roof is a landscape of inclined surfaces that enable lights to be placed within.

Wettbewerb: 2018, 3. Ankauf
Auftraggeber: Divisione Spazi Urbani DSU
Bauingenieur: Ruprecht Ingegneria, Lugano
HLKS-Technik: Ifec, Rivera
Elektroingenieur: Erisel, Bellinzona
Bauphysik: Erisel, Bellinzona
Brandschutz: Erisel, Bellinzona
Landschaftsarchitekten: Teresa Rosas da Silva Figueiredo Marques und Jacopo Pellegrini, Mailand
Zeichnungen: Paolo Abate

Competition: 2018, 3rd purchase
Client: Divisione Spazi Urbani (DSU)
Civil engineer: Ruprecht Ingegneria, Lugano
HVAC specialist: IFEC, Rivera
Electrical engineering: Erisel, Bellinzona
Building physics: Erisel, Bellinzona
Fire prevention: Erisel, Bellinzona
Landscape architects: Teresa Rosas da Silva Figueiredo Marques and Jacopo Pellegrini, Milan
Drawings: Paolo Abate

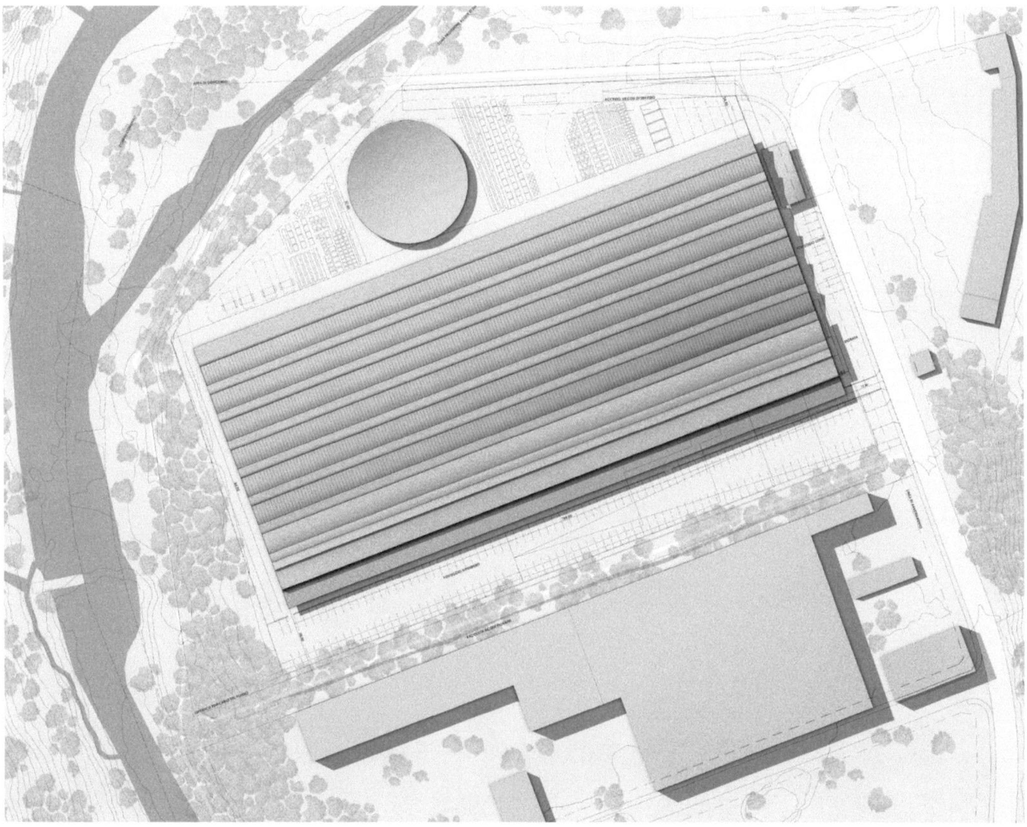

Lukas Meyer

1958	geboren in Florenz IT
1985	Architekturdiplom an der ETH Zürich
1985–1988	Mitarbeit bei Prof. Giorgio Grassi in Mailand am Wiederaufbau des römischen Theaters in Sagunto, Spanien, und an anderen Projekten
1988–1993	Assistent von Prof. Mario Campi an der ETH Zürich
1989–1995	Zusammenarbeit mit Mirko Zardini an Projekten und Wettbewerben
1993–1995	Oberassistent bei Prof. Mario Campi an der ETH Zürich
1995	Einladung von Prof. Bernardo Secchi zum Workshop zur Analysierung des Macrolotto-Quartiers für die Überbauungsordnung von Prato
1996	Beginn der Partnerschaft mit Ira Piattini und Eröffnung des gemeinsamen Architekturbüros in Lugano
1997–2004	Assistent von Prof. Panos Koulermos an der Akademie für Architektur in Mendrisio Assistent an der Akademie in Mendrisio bei Prof. Aurelio Galfetti und Prof. Alfredo Pini
2001–2002	Assistent bei Prof. Giorgio Grassi an der ETH Zürich
2006	Professor am Kurs von Lynette Widder an der Rhode Island School of Design, USA; Projektthema: Umbau des ehemaligen Schlachthofs in Lugano
2007–2018	Projektdozent an der Fachhochschule Südschweiz SUPSI Lugano
2015–	Mitglied im BSA Sektion Tessin
2017–	Präsident des Archivs der Tessiner Architekten

1958	Born in Florence, IT
1985	Graduated in Architecture at the ETH Zurich
1985–1988	Employment under Prof. Giorgio Grassi in Milan, working on the reconstruction of the Roman theatre in Sagunto, Spain and other projects
1988–1993	Assistant to Prof. Mario Campi at the ETH Zurich
1989–1995	Collaboration with Mirko Zardini on projects and competitions
1993–1995	Senior Assistant to Prof. Mario Campi at the ETH Zurich
1995	Invited by Prof. Bernardo Secchi to the workshop to analyse the Macrolotto district for the development regulations of Prato
1996	Beginning of partnership with Ira Piattini and foundation of joint architectural office in Lugano
1997–2004	Assistant to Prof. Panos Koulermos at the Academy of Architecture in Mendrisio, Assistant at the Academy in Mendrisio under Prof. Aurelio Galfetti and Prof. Alfredo Pini
2001–2002	Assistant to Prof. Giorgio Grassi at the ETH Zurich
2006	Professor at the course by Lynette Widder, Rhode Island School of Design, USA; Project theme: Conversion of the former abattoir in Lugano
2007–2018	Project Lecturer at the University of Applied Science of Southern Switzerland (SUPSI), Lugano
2015–	Member of the Federation of Swiss Architects (FSA), Ticino Section
2017–	President, Archive of Ticino Architects

Ira Piattini

1965	geboren in Mailand IT
1991	Architekturdiplom an der ETH Zürich
1991–1993	Mitarbeit bei Aurelio Galfetti und Mario Botta in Lugano
1993	Eröffnung ihres eigenen Architekturbüros
1996	Beginn der Partnerschaft mit Lukas Meyer und Eröffnung des gemeinsamen Architekturbüros in Lugano
2000–2003	Assistentin an der Akademie für Architektur in Mendrisio bei Prof. Alfredo Pini
2005–2007	Assistentin an der Akademie für Architektur in Mendrisio bei Prof. Carme Pinos
2006	Professorin an der Rhode Island School of Design, Providence, Rhode Island, USA; Projektthema: Umbau des ehemaligen Schlachthofs in Lugano
2007–2008 und 2010–2011	Assistentin an der Akademie für Architektur von Mendrisio bei Prof. Guillermo Vázquez Consuegra
2015–	Mitglied und Sekretärin im BSA Sektion Tessin

1965	Born in Milan, IT
1991	Graduated in Architecture at the ETH Zurich
1991–1993	Employed by Aurelio Galfetti and Mario Botta in Lugano
1993	Founded own architectural office
1996	Beginning of partnership with Lukas Meyer and foundation of joint architectural office in Lugano
2000–2003	Assistant, Academy of Architecture in Mendrisio under Prof. Alfredo Pini
2005–2007	Assistant, Academy of Architecture in Mendrisio under Prof. Carme Pinos
2006	Professor at the Rhode Island School of Design, Providence, Rhode Island, USA; Project theme: Conversion of the former abattoir in Lugano
2007–2008 and 2010–2011	Assistant at the Academy of Architecture in Mendrisio under Prof. Guillermo Vázquez Consuegra
2015–	Member and Secretary of the Federation of Swiss Architects (FSA), Ticino Section

Mitarbeitende / Collaborators

Monica Tamagni (Projektleiterin)

1983	geboren in Bellinzona
2008	Architekturdiplom an der Fachhochschule Südschweiz SUPSI in Lugano
2008–	Mitarbeit bei Studio Meyer e Piattini

Barbara Corbella (Projektleiterin)

1984	geboren in Como IT
2008	Architekturdiplom an der Technischen Hochschule in Mailand
2008–	Mitarbeit bei Studio Meyer e Piattini

Fabrizio Bombelli (Projektleiter)

1988	geboren in Bellinzona
2011	Architekturdiplom an der Fachhochschule Südschweiz SUPSI in Lugano
2011–	Mitarbeit bei Studio Meyer e Piattini

Rute Venâncio (Administration)

1979	geboren in Beja PT
2005	Diplom in Bildungswissenschaften an der Technischen Hochschule von Viseu
2006	Lehrerin für portugiesische Sprache und Kultur
2014–	Mitarbeit bei Studio Meyer e Piattini als administrative Sekretärin

Werkverzeichnis / List of works (Auswahl / Selection)		
	1996–1997	Projekt und Bau des Quartiers Ronchetto 1, neun Einfamilienhäuser in Cadempino in der Umgebung von Lugano Projekt für das Haus Sartoris, Loco Wettbewerb auf Einladung für das neue Theater/Kursaal, Lugano
	1998–1999	Renovation des Hauses Sciaredo, Barbengo; 1932 von Georgette Klein erbaut Renovation des Hauses Bustelli, Sorengo; 1956 von Alberto Camenzind erbaut
	2000–2004	Projekt für den Umbau des Kinos Rialto, Locarno Projekt für den Umbau einer Villa, Orselina Umbau eines Bürogebäudes, Bellinzona Projekt und Bau des Bürogebäudes in der Via al Chioso 8, Lugano Umbau eines kleinen Industriegebäudes in einen Kindergarten, Lugano (in Kooperation mit Lorenza Mazzola) Projekt für den Umbau des ehemaligen Schlachthofs, Lugano (in Kooperation mit Lorenza Mazzola) Teilnahme am offenen Wettbewerb «Flon Ville» in Lausanne für den Bau eines Verwaltungsbezirks im Quartier Flon; 3. Preis
	2005–2007	Projekt und Bau des Quartiers Ronchetto 2, drei Einfamilienhäuser in Cadempino in der Umgebung von Lugano Projekt und Bau einer Villa, Galbisio Projekt für das Bürogebäude in der Via al Chioso 10, Lugano Projekt für ein Einfamilienhaus, Cureggia Teilnahme am Wettbewerb auf Einladung für das neue Übungszentrum in Pollegio der Schweizerischen Bundesbahnen (in Kooperation mit Carme Pinós) Teilnahme am Wettbewerb auf Einladung für den Umbau des UBS-Bankgebäudes an der Piazza Riforma, Lugano
	2008–2010	Ausführung eines Bürogebäudes in der Via al Chioso 10, Lugano Projekt und Ausführung von fünf Einfamilienhäusern, Barbengo Umbau der Casa Ceresiana, Brusino Arsizio Umbau einer Wohnung, Sorengo Projekt und Ausführung eines neuen Bodenbelags für die Seepromenade von Ascona (in Kooperation mit Rolando Zuccolo) Umbau eines Bauernhauses in Osco, Planung und Bauleitung (in Kooperation mit Franco Pessina) Projekt für ein Quartier mit 36 Wohneinheiten, Vacallo Projekt für ein Zweifamilienhaus, Cadempino Projekt für zwei Villen, Morcote Teilnahme am offenen Wettbewerb für das Seniorenheim Da Casa im Val Lumnezia; 8. Preis Teilnahme am Wettbewerb für die neue Stadthalle, Cadempino; 2. Preis Teilnahme am Wettbewerb für den Umbau eines Studentenheims, Lugano; 3. Preis
	2011–2015	Teilnahme am Wettbewerb auf Einladung für den neuen Geschäftssitz der Credit Suisse, Lamone; 1. Preis Teilnahme am Wettbewerb für die Erweiterung des AET-Sitzes, Monte Carasso; 1. Preis Teilnahme am Wettbewerb für den Campus USI/SUPSI, Lugano-Viganello; 6. Preis Projekt und Ausführung des neuen AET-Geschäftssitzes, Monte Carasso (in Kooperation mit Francesco Fallavollita) Projekt für einen neuen Bodenbelag im Ortskern von Besazio Machbarkeitsstudie für den neuen Hafen von Ascona (in Kooperation mit Rolando Zuccolo) Erweiterung des Hauses Spinedi, Gordola Teilnahme am Wettbewerb für die neue kantonale Alarmzentrale CECAL, Bellinzona; 3. Preis Teilnahme am Wettbewerb für einen neuen Kindergarten, Tenero Contra; 2. Phase Projekt für zwei Villen, Comano

	2011–2015	Umbau einer Villa, Ravecchia Projekt und Bau eines Wohngebäudes, Lugano Umbau des Ateliers Genucchi, Castro Sitz der Credit Suisse, Lamone Studienmandat auf Einladung für die Planung und Umsetzung der Wohnsiedlung Caraa d Mézz, Lumino
	2016–2017	Teilnahme am Wettbewerb für das Schweizer Spielmuseum, La Tour de Peilz; 8. Preis ausgewählt für den Wettbewerb für die Erweiterung des Bürgerspitals, Lugano (in Kooperation mit Pez Arquitectos SLP) Umbau und Erweiterung des Hauses Arieskor, Bissone Umbau einer Villa, Breganzona Projekt und Ausführung der Weinkellerei Azienda Agricola Bianchi, Arogno (1) Umbau eines Hauses, Croglio Teilnahme am Wettbewerb für die Sanierung der Verkehrspolizeizentrale in San Bernardino, Misox; 1. Preis Teilnahme am Wettbewerb für das Nationale Schwimmsportzentrum, Tenero; 3. Preis Umbau und Einrichtung der Gipsothek Gianluigi Giudici, Lugano (in Kooperation mit Rolando Zuccolo) Sanierung des Piazzale Torre, Ascona (in Kooperation mit Rolando Zuccolo) Projekt und Ausführung des Unterwerks 50kV AET, Monte Carasso
	2018	Sanierung der Verkehrspolizeizentrale in San Bernardino, Misox (7) Teilnahme am Wettbewerb mit Auswahlverfahren zur Sanierung der interkommunalen Polizeistation in Malcantone West, Caslano; 5. Preis Erweiterung und Umbau der Kantonsschule, Bellinzona (in Kooperation mit Francesco Buzzi) Wettbewerb mit Auswahlverfahren, für die Gebäude der Stadtverwaltung – DSU, Lugano; 3. Ankauf

Ausstellungen / Exhibitions	2013	Connection_Import Ticino Gruppenausstellung Sitz COAC, Collegi d'Arquitectes de Catalunya, Barcelona, Spanien
	2014	«19 stanze, 19 opere, 19 ospiti», Omaggio a Hermanus (19 Zimmer, 19 Bauprojekte, 19 Gäste, Hommage an Hermanus) Gruppenausstellung auf Einladung von Cà del Sole, Neggio
	2016	Mastervorträge Architektur 16/17: «diverse architetture» (andere Architekturen) Vortrag an der Frankfurt University of Applied Sciences, Frankfurt am Main, Deutschland
	2017	Haus oder Schloss? Schutz des Territoriums vor Egoismen, Dialoge über die Veränderung des Territoriums, Diskussionsforum i2a, internationales Institut für Architektur, Lugano

Auszeichnungen / Awards	2015	Best Architects 15 – 5 case a Barbengo (5 Häuser in Barbengo)
	2016	Auszeichnung SIA Tessin 2016, Erwähnung – Neuer Geschäftssitz AET, Monte Carasso

Bibliografie / Bibliography	1998	Quartiere Ronchetto 1, Cadempino: Archi, Nr. 4, 1998, S. 47–51
	2000	Quartiere Ronchetto 1, Cadempino: werk, bauen + wohnen, Nr. 11, November, S. 57
	2001	Quartiere Ronchetto 1, Cadempino: Architetture nel territorio, Canton Ticino 1970–2000, CD-ROM, Edizione Tarmac SA
	2004	Quartiere Ronchetto 1, Cadempino: Gap classico, September, S. 32–37
	2006	Quartiere Ronchetto 2, Cadempino: Architecture Today, Nr. 172, Oktober, S. 23
	2006	Stabile per uffici via al chioso 8, Lugano: werk, bauen + wohnen, Nr. 9, S. 62–63
	2007	CO 01 – Contesto Architettura – Casa Sciaredo, Salvioni Edizioni; herausgegeben von Lukas Meyer und Ira Piattini

2007	Quartiere Ronchetto 2, Cadempino: Costruire, Nr. 288, Mai
	Casa Sciaredo, Barbengo: CO1 contesto architettura, Edizioni Salvioni
2009	Stabile per uffici via al chioso 8, Lugano: Archi, Nr. 3, S. 8–15
	Casa Sciaredo, Barbengo: Espacio, Band 8, Januar
2012	5 case, Barbengo: Architecture Suisse, 185-7/Juni
	Nuova sede amministrativa AET, Monte Carasso: Future Architecturas 35/36 international edition
2013	5 case, Barbengo: Häuser des Jahres, München
	5 case, Barbengo: Connection Import Ticino-architecture and territory, Mai
2014	Lungolago, Ascona: Tope Scape 15, Paysage editore
2015	5 case, Barbengo: Best Architects 15
	5 case, Barbengo: Giorgio Bersano-Case unifamiliari temi di archtettura, Aracne
2016	Nuova sede amministrativa AET, Monte Carasso: Archi, Nr. 2, S. 54–59
2017	Nuova sede amministrativa AET, Monte Carasso: Beton Zement, 2
	Nuova sede amministrativa AET, Monte Carasso: DETAIL green, 2
2018	Nuova sede amministrativa AET, Monte Carasso: Exé, Structure – Béton-A'VIVRE édition, Nr. 33

Alberto Caruso
(Textbeitrag / Article by)

(1945), Architekt, Absolvent des Politecnico di Milano (Technische Hochschule von Mailand), hat in Mailand studiert, führt ein Architekturbüro mit Elisabetta Mainardi. Er hat Projekte in den Zeitschriften *Casabella*, *Domus* und *Zodiac* veröffentlicht. Er ist Mitglied des Bundes Schweizer Architekten (BSA).
1996 und 1997 leitete er die Zeitschrift *Rivista Tecnica*, 1998 gründete er *Archi*, die Zeitschrift des schweizerischen Ingenieur- und Architektenvereins, die er bis Dezember 2017 leitete. 2008 publizierte er das Buch *La resistenza critica del moderno*, Tarmac Publishing Mendrisio.

Oliver Scharpf
(Textbeitrag / Article by)

hat folgende Bücher verfasst: *Uppercuts* (2004), La durata del viaggio dell'oliva dal martinicocktail (2007), Lo chalet e altri miti svizzeri (2010), La grande veronica (2012), Cartoleria Buccellati (2016).

Finanzielle und ideelle Unterstützung/
Financial and conceptual support

Ein besonderer Dank gilt den Institutionen und Sponsorfirmen, deren finanzielle Unterstützungen wesentlich zum Entstehen dieser Buchreihe beitragen. Ihr kulturelles Engagement ermöglicht ein fruchtbares und freundschaftliches Zusammenwirken von Baukultur und Bauwirtschaft.

prohelvetia

Schweizerische Eidgenossenschaft
Confédération suisse
Confederazione Svizzera
Confederaziun svizra

Eidgenössisches Departement des Innern EDI
Bundesamt für Kultur BAK

Direzione Lavori SA
DL

spalu
Spalu SA, Lugano-Cassarate

Impresa Barella sa
CHIASSO
Impresa Barella SA, Chiasso

Schenker Storen
Tende Schenker SA Ticino, Rivera

PINI
BUILDING OUR FUTURE
Pini Swiss Engineers SA, Lugano

Benicchio Giardini SA, Lamone

Quart Verlag Luzern / Quart Editions Lucerne

De aedibus – Zeitgenössische Architekten und ihre Bauten / Contemporary architects and their buildings

79 Meyer Piattini (de/en)
78 meier + associés architectes (de/en und de/fr)
77 Lin Robbe Seiler (de/en und de/fr)
76 Meier Leder (de/en)
75 Butikofer de Oliveira Vernay (de/en)
74 Elisabeth & Martin Boesch (de/en)
73 spaceshop Architekten (de/en)
72 Kast Kaeppeli (de/en)
71 Philippe Meyer (de/en, fr)
70 bartbuchhofer (de/en)
69 Hauenstein La Roche Schedler (de/en)
68 Graeme Mann & Patricia Capua Mann (de/en)
67 Esposito Javet (de/en und de/fr)
66 Galletti Matter (de/en und de/fr)
65 Fruehauf, Henry & Viladoms (de/en)
64 Jakob Steib (de/en)
63 bunq (de/en)
62 Jean-Paul Jaccaud (de/en und de/fr)
61 huggenbergerfries (de/en)
60 Berrel Berrel Kräutler (de/en)
59 Pierre-Alain Dupraz (de/en und de/fr)
58 Cometti Truffer (de/en)
57 Joos & Mathys (de/en)
56 Lacroix Chessex (de/en)
55 Savioz Fabrizzi (de/en und de/fr)
54 Boegli Kramp (de/en)
53 Zita Cotti (de/en)
52 Oestreich + Schmid (de/en)
51 Stump & Schibli Architekten (de/en)
50 Luca Gazzaniga (de/en)
49 Guignard & Saner (de/en)
48 Morger + Dettli (de/en)
47 Charles Pictet (de/en)
46 Armando Ruinelli + Partner (de/en/it)
45 Luca Selva Architekten (de/en)
44 Luca Deon (de/en)
43 2b (de/en)
42 Durisch + Nolli (de/en)
41 sabarchitekten (de/en)
40 Beat Rothen (de/en)
39 Atelier Bonnet (de/en)
38 Novaron (de/en)
37 Althammer Hochuli (de/en)
36 Schneider & Schneider (de/en)
35 Frei & Ehrensperger (de und en)
34 Liechti Graf Zumsteg (de/en)
33 Adrian Streich (de/en)
32 Daniele Marques (de/en)
31 Neff Neumann (de/en)
30 Giraudi Wettstein (de/en)
29 Steinmann & Schmid (de/en)
28 Matthias Ackermann (de/en)
27 Aeby & Perneger (de/en)
26 Bakker & Blanc (de/en)
25 Markus Wespi Jérôme de Meuron (de/en)
24 Bauart (de/en und de/fr)
23 Knapkiewicz & Fickert (de/en)
22 Marcel Ferrier (de/en)
21 Wild Bär Architekten (de/en)
20 Enzmann + Fischer (de/en)
19 Mierta und Kurt Lazzarini (de/en)
18 Rolf Mühlethaler (de/en)
17 Pablo Horváth (de/en)
16 Brauen + Wälchli (de/en)
15 E2A Eckert Eckert Architekten (de/en)
14 Lussi + Halter (de/en)
13 Philipp Brühwiler (de/en)
12 Scheitlin – Syfrig + Partner (de/en)
11 Vittorio Magnago Lampugnani (de/en)
10 Bonnard Woeffray (de/en und de/fr)
9 Graber Pulver (de/en)
8 Burkhalter Sumi / Makiol Wiederkehr (de/en)
7 Gigon/Guyer (de und en)
6 Andrea Bassi (de, fr und en)
5 Dieter Jüngling und Andreas Hagmann (de und en)
4 Beat Consoni (de und en)
3 Max Bosshard & Christoph Luchsinger (de)
2 Miroslav Šik (de, en und it)
1 Valentin Bearth & Andrea Deplazes (de, en und it)

Quart Verlag GmbH, Heinz Wirz; Verlag für Architektur und Kunst
Denkmalstrasse 2, CH-6006 Luzern; books@quart.ch, www.quart.ch